3 niveaux :

1° Quoi : Ever    ire
         - Chaîne d'événement...

2° Comment : - Montage
         - Point de vue
         - L'intérieur du plan
         - Combinaison
                  audiovisuelles

ex : - longueur des plans, ce que
      ça crée et pourquoi
    - Si ce qui se passe dans le
      off champ est important.
    - si séparation du son et de
      l'image malgré le
      changement de son.
    - de quel point de vue l'histoire
      est conté.

3° Pourquoi : Conclusion

LE LANGAGE
DU CINÉMA NARRATIF

H.-Paul Chevrier

LE LANGAGE
DU CINÉMA NARRATIF

Les 400 coups cinéma

Nous remercions le Conseil des Arts du Canada de l'aide accordée à notre programme de publication, et la SODEC pour son appui financier en vertu du Programme d'aide aux entreprises du livre et de l'édition spécialisée.

Nous reconnaissons l'aide financière du gouvernement du Canada par l'entremise du Programme d'aide au développement de l'industrie de l'édition (PADIÉ) pour nos activités d'édition.

Langage du cinéma narratif a été publié sous la direction de Marcel Jean.

Illustrations : Jean Lacombe
Mise en pages : Folio infographie
Révision et correction : Micheline Dussault
Maquette de la couverture : Janice Nadeau
Photo de la couverture : *Péril en la demeure*

© Les éditions Les 400 coups
Nouvelle édition 2005 : © Henri-Paul Chevrier et les éditions Les 400 coups

Dépôt légal : 3ᵉ trimestre 2005
Bibliothèque nationale du Québec, Bibliothèque et Archives Canada

ISBN 2-89540-270-1

Diffusion au Canada
Diffusion Dimédia Inc.

Diffusion en Europe
Le Seuil

Imprimé au Canada sur les presses de l'Imprimerie Gauvin

Éditions Les 400 coups
400, avenue Atlantic, Montréal (Québec) H2V 1A5 Canada
+1 514 381-1422
400coups@qc.aira.com

à Liliane
à Jean-Daniel

INTRODUCTION

Parler une langue, c'est l'utiliser;
parler le langage cinématographique,
c'est dans une certaine mesure l'inventer.

CHRISTIAN METZ

IL N'Y A PAS PLUS DE SYNTAXE du cinéma qu'il n'y a de syntaxe de la littérature. Les livres qu'on appelle « grammaires » du cinéma ne sont en réalité que des répertoires de procédés expressifs particuliers au cinéma d'une époque. Chaque tendance esthétique du cinéma pourrait donc avoir sa « grammaire ». Par exemple, l'héroïsme soviétique, le cinéma militant et le téléjournal privilégient surtout la signification par le montage. Au contraire, l'expressionnisme allemand, le cinéma moderne et le vidéoclip s'appuient beaucoup plus sur l'expressivité de l'image. Quant à eux, le burlesque américain, le cinéma de genre et le téléroman exercent leur fascination d'abord par la logique narrative.

Par ailleurs, les « grammaires » du cinéma compilent toujours les figures stylistiques du seul cinéma classique. Quand on parle de cinéma classique, on sous-entend le cinéma narratif qui s'est élaboré dans les studios d'Hollywood entre 1930 et 1960, avec ses paramètres, ses caractéristiques et ses modèles, comme *Gone With the Wind* (Victor Fleming, 1939). Pourtant, l'essentiel du découpage et du montage avait déjà été articulé entre 1900 et 1930, particulièrement avec D.W. Griffith. Et il faut quand même admettre que, de 1960 à aujourd'hui, malgré l'apparition du cinéma moderne, le cinéma de consommation s'avère un simple prolongement du cinéma classique.

Bien sûr, le cinéma des années 1960-1970 a exploité les ralentis, les longues focales et les images figées, tandis que le cinéma des années 1980-1990 a privilégié les images léchées de type publicitaire, les mouvements de caméra décoratifs et le montage-zapping, mais ces utilisations particulières de certains codes expressifs relèvent de la mode et, finalement, élargissent le classicisme sans vraiment le remettre en question. Le cinéma le plus commercial reste (néo)classique dans la mesure où il s'élabore toujours à la manière des anciens cinéastes.

Sous prétexte de leur rendre hommage, plusieurs cinéastes de la dernière génération pillent les cinéastes de la période classique, pour préserver le plaisir du cinéma et pour afficher leur savoir-faire. Le recyclage des films cache surtout une crise des sujets. Le *Scarface* de Brian De Palma, réalisé en 1983, n'est pas meilleur que le *Scarface* de Howard Hawks créé en 1931, au contraire. Il est seulement plus violent. Et le *Dracula* signé par Francis Ford Coppola en 1992 n'est pas si différent du *Dracula* mis en scène par Tod Browning en 1931, il est seulement plus baroque, et surtout plus conscient de ses effets.

C'est pourquoi nous envisagerons le cinéma classique dans sa conception la plus large, celle d'un cinéma traditionnel qui s'adapte aux modes pour mieux se perpétuer, et qui constitue encore l'essentiel de la production courante. Il vise d'abord et avant tout à raconter des histoires de la façon la plus efficace possible, des histoires basées sur la vraisemblance psychologique. Et son langage repose sur les habitudes du spectateur. Pour qu'un film soit compris en tant qu'histoire, le cinéaste doit fournir ses informations selon des règles tacitement admises par les spectateurs, selon des mécanismes vérifiés par l'expérience de ses prédécesseurs.

Il ne s'agit pas d'élaborer une nouvelle « grammaire » du cinéma, un nouveau répertoire avec définitions de l'ellipse, du plan-séquence ou de la voix off… et en profiter pour renouveler la banque d'exemples par des citations filmiques récentes. Car il ne suffit pas de connaître ce qu'est un plan américain, une contre-plongée ou un raccord visuel pour juger de leur pertinence dans un film. De la même façon qu'on apprend l'alphabet pour savoir lire (et écrire), il faudrait apprendre le langage du cinéma d'abord et avant tout pour mieux comprendre comment il raconte des histoires.

D'ailleurs le film de fiction s'est toujours confondu avec le fait de raconter et c'est en élaborant des histoires qu'il s'est créé un langage. C'est parce qu'il voulait exprimer le passé qu'il a créé certaines ponctuations, c'est parce qu'il voulait servir les dialogues qu'il a découpé l'espace en champ et contrechamp, c'est parce qu'il voulait raconter des actions simultanées qu'il a inventé le montage parallèle. Pour aborder le cinéma traditionnel dans son mode de fonctionnement interne, il nous semble pertinent de se demander non pas comment l'image prend une signification mais plutôt comment le film raconte.

Les cinéastes ont progressivement élaboré un langage si « naturel » qu'ils ont facilité la lecture filmique au point d'effacer les traces de cette élaboration. Nous vérifierons donc comment ce langage vise toujours à proposer la vraisemblance (le film doit donner une impression de réalité) et comment il pratique d'abord la transparence du style (la technique doit s'effacer derrière les faits présentés). Le défi consistera à dévoiler toute la maîtrise dont font preuve les cinéastes classiques pour créer un espace homogène, une temporalité cohérente et une logique narrative (maîtrise que ne soupçonne pas le spectateur moyen).

Notre projet visera donc à expliquer les mécanismes de la fiction (organisation des événements, répartition des personnages et dramatisation par la mise en scène) pour illustrer au fur et à mesure les éléments du langage filmique. Nous les envisagerons seulement en fonction de leur contribution à la narration. Quelle que soit la façon d'aborder le sujet, le problème reste toujours le même : comment faire admettre que la mise en scène « signifie » par elle-même ? Plus particulièrement dans le cinéma classique, justement conçu pour qu'elle soit transparente ! Pour évaluer la mise en scène d'un film, il faut comprendre ce qu'il raconte.

La mise en scène traditionnelle se veut invisible dans la mesure où elle se veut entièrement au service de l'histoire. Toujours fonctionnelle, elle est en définitive une façon de présenter les personnages et d'organiser les événements. Résultat d'une complicité entre le réalisateur et les spectateurs, le langage du cinéma semble d'autant plus évident qu'il vise uniquement la compréhension du film. Il s'agira d'expliquer ce qui passe inaperçu, et que nous acceptons par habitude. Puisque les éléments du langage servent justement à mieux raconter des histoires, nous devrions pouvoir les expliquer en explorant les mécanismes de la fiction.

Tout récit s'élabore selon certaines modalités, selon certains aspects : d'abord le déroulement des événements et la répartition des personnages, qui constituent l'**histoire** ou la diégèse (ce qu'on raconte), puis la mise en place de l'espace et du temps ainsi que les positions du narrateur et du spectateur/lecteur, qui constituent la **narration** ou le discours (la façon de raconter). Chaque moyen d'expression (roman, bande dessinée, film de fiction) aura une façon particulière de mettre en scène les événements vécus par les personnages. Et dans chaque moyen d'expression, la même histoire pourra avoir différentes formes narratives.

Dans un film, l'histoire (les événements et les personnages) s'avère conditionnée par la narration (le traitement de l'espace et du temps) qui est justement une utilisation particulière du langage cinématographique. Les raccords, les contrechamps, le montage alterné fournissent des consignes de lecture et balisent notre compréhension. La narration brise le déroulement chronologique de l'histoire, focalise l'attention sur tel personnage et manipule le savoir du spectateur par rapport à celui du personnage. Bref un cinéaste s'exprime beaucoup moins à travers son histoire que par la narration qu'il en fait, par la mise en scène qu'il adopte.

On pourrait même supposer que la mise ne scène ne serait en définitive que la seule narration. Un film médiocre se reconnaît en ce qu'il est réductible à son intrigue. Car la mise en scène n'enveloppe pas le film mais participe à sa signification. Si le cinéma évolue, c'est moins par ses éclairages, son mixage sonore ou ses trucages que par ses ressources narratives. Entre l'histoire et la narration, il y a un décalage qui marque la présence de quelqu'un qui maîtrise le récit, d'une instance narrative qui contrôle et distribue l'information, qui organise notre lecture du film. Médiation entre le cinéaste et le spectateur, la narration définit la position de chacun.

Le premier chapitre abordera les structures des récits, que le cinéma partage avec les autres formes d'expression mais qu'il adapte de façon particulière. Les trois chapitres suivants, spécifiques au langage cinématographique, illustreront le découpage de l'espace, la continuité visuelle et les articulations du temps. Le chapitre du milieu abordera les fonctions narratives des personnages et tirera profit des apprentissages précédents pour rendre compte de la participation du spectateur. Les trois chapitres suivants aborderont un montage particulier (celui des scènes), le montage de la bande sonore et le montage général (celui du film). Le dernier chapitre expliquera la perspective et ce que la narration filmique a de particulier.

Distribués au début, au milieu et à la fin, les chapitres sur la narration sont entrecoupés de trois chapitres sur le découpage (particulièrement de l'espace) et de trois chapitres sur le montage (et le traitement du temps). Bien qu'elles fassent partie du même processus de création, la séquence sur le découpage intéressera surtout ceux qui se préoccupent de la *pratique* tandis que la séquence sur le montage sera plus utile pour enrichir le discours *critique*. Cette structure en sablier ne vise pas à couvrir tous les éléments du langage cinématographique mais à leur donner un sens, une finalité.

CHAPITRE 1

LES STRUCTURES DES RÉCITS

On ne raconte pas un événement parce qu'il est vrai.
Il est vrai parce qu'on le raconte,

PIERRE CAMPION

RACONTER UNE HISTOIRE, c'est nécessairement raconter
la transformation d'une situation donnée en situation
nouvelle, et surtout les étapes pour y parvenir. Raconter,
c'est donc développer une intrigue avec un début, un
milieu et une fin (ou un conflit, un développement et une
résolution). Idéalement dans l'ordre. On dit généralement
d'une histoire qu'elle est classique quand les causes de l'action reposent sur la psychologie du personnage. L'histoire
et le personnage restent indissociables, mais on peut
quand même mettre l'accent sur l'une ou sur l'autre.

Le cinéma industriel privilégie surtout l'action et
l'efficacité du suspense, quitte à caricaturer les personnages
en bons et en méchants. Le cinéma d'auteur a plutôt tendance à explorer la complexité des personnages et à interpréter la réalité, quitte à ce que ce soit au détriment du

spectacle. Si la façon de concevoir les histoires reste la même pour les génies comme pour les tâcherons, les meilleurs sauront doubler l'itinéraire physique (l'aventure) d'une évolution psychologique (les sentiments) et même d'une quête existentielle (le sens de la vie).

La mécanique la plus sûre reste celle des genres parce qu'ils répondent aux attentes du spectateur en lui fournissant la satisfaction de retrouver les choses à la bonne place, au bon moment. En plus de permettre la progression (facile) du récit, les genres garantissent de ne pas dépayser le spectateur en restant à l'intérieur d'un catalogue de clichés et de stéréotypes. En s'inscrivant dans des formules préétablies, les films rassurent le spectateur qui reconnaît le rituel en même temps qu'ils le surprennent par la façon d'achever ou d'enrichir le modèle.

Le film de fiction reconduit les mêmes histoires, ou du moins s'appuie sur des structures de base qui se schématisent en un nombre restreint de réseaux. Des films aussi différents que *Swing Time* (comédie musicale de 1936), *The Searchers* (western de 1956), *Star Wars* («space opera» de 1977), ou encore *Streets of Fire* (film disco de 1984) présentent tous le même schéma de récit, celui d'un héros qui arrache quelqu'un de l'emprise d'un milieu hostile en éliminant un rival amoureux, des Indiens, des soldats de l'Empire, ou des motards. Ce schéma du sauvetage se retrouve dans une foule de films, et en définitive, les genres se partagent les mêmes modèles narratifs.

Presque tous les films se réduisent à quelques modèles de récit: l'ascension ou la déchéance, l'apprentissage ou l'intégration, le sauvetage ou la vengeance... La vengeance, par exemple, constitue le schéma de base de beaucoup de films d'action : parce qu'on a tué sa femme et violé sa fille, le héros est alors justifié de massacrer tout ce qui bouge (on crée les méchants dont on a besoin). D'autres films s'inscrivent dans le schéma du châtiment. Une catastrophe naturelle, un tueur en série ou des extraterrestres ont souvent comme fonction de départager les bons des méchants en éliminant ceux et celles qui ne respectent pas la morale (le destin fait bien les choses).

Il faut comprendre que le public trouve dans les histoires le même plaisir que celui de l'enfant qui demande qu'on lui répète toujours le même conte, avec les mêmes mots. Comme il sait exactement ce qui va se passer, le spectateur joue lui-même avec l'attente ou le suspense, renouvelant sa satisfaction du dénouement heureux et se rassurant ainsi sur le cours des choses. La mécanique narrative est assez simple et repérable pour qu'il bâtisse le scénario au fur et à mesure ; elle introduit juste assez d'imprévu pour qu'il fasse des suppositions, non pas sur la réussite du héros, mais sur la façon dont il gagnera cette fois-ci.

Les cinq étapes de tout récit

La tradition a permis de dégager certaines constantes esthétiques (qui avaient fait leurs preuves) pour assurer une plus grande efficacité aux récits. Dès l'Antiquité grecque, la *Poétique* d'Aristote explorait déjà les principes de base du drame (exposition, crise, *climax*), ses fonctions (identification, catharsis) ainsi que le statut des personnages (caractérisation, motivations) et certaines lois dramatiques (unité de lieu, de temps, d'action). C'est en faisant des expériences que les romanciers, les dramaturges et les cinéastes élaboreront des techniques de récit qui fourniront des œuvres de plus en plus efficaces, voire de plus en plus conventionnelles.

Tout film qui raconte une histoire propose donc un conflit initial, un développement et une résolution finale. Il y a trois façons de déclencher l'intrigue : une quête (ou une enquête), un conflit (ou un dilemme), un malentendu (ou un quiproquo). Le déroulement de l'intrigue peut se faire de trois façons : linéaire (ou circulaire), par alternance (ou en parallèle), par rebondissements (ou à tiroirs). Il y a aussi trois façons de résoudre une intrigue : par réconciliation des protagonistes, par élimination du transgresseur ou par conversion de l'opposant.

Ce qui déclenche l'intrigue représente l'intérêt du film. Que Rocky Balboa pratique la boxe dans *Rocky* (John G. Avildsen, 1976), que Tony Manero pratique la danse dans *Saturday Night Fever* (John Badham, 1977), que Zack Mayo pratique les « push-ups » dans *An Officer and a Gentleman* (Taylor Hackford, 1982) ou que Daniel Larusso pratique les arts martiaux dans *The Karate Kid* (John G. Avildsen, 1983), il s'agit toujours de « success stories » puisque la quête consiste à fuir sa misère par la force de la volonté. Que James Bond cherche la Bombe, que Luke Skywalker cherche la Force ou qu'Indiana Jones cherche l'Arche, il s'agit toujours de la quête du pouvoir par des héros convaincus que tout leur est dû.

Le déroulement de l'intrigue correspond au type de film. S'il s'agit d'un film d'aventure (western, policier, science-fiction), le déroulement consiste à punir ou à éliminer le transgresseur (le plus souvent par la violence). S'il s'agit d'un film comique ou mélodramatique, le déroulement consiste généralement à récompenser ou à intégrer le personnage maladroit (souvent par le mariage). S'il s'agit d'un film tragique (film noir, drame social, film politique), la problématique consiste surtout à reconnaître la dignité d'un « loser » magnifique.

Les films d'action proposent souvent une fiction spectaculaire (combat avec le terroriste ou l'extraterrestre) et une fiction privée (familiale ou amoureuse). Habituellement, le schéma subordonne l'ordre affectif à la réussite sociale ou professionnelle. L'histoire d'amour (psychologique) sert à retarder la résolution de l'aventure (physique) pour finalement fournir une récompense supplémentaire au vainqueur. Il devient difficile d'arrimer l'histoire d'amour quand les menaces deviennent de plus en plus spectaculaires (une troisième guerre mondiale ou la fin du monde). Quand l'amour se réalise dans l'action, cela donne *Titanic* (James Cameron, 1996).

La résolution de l'intrigue correspond à ce qu'on propose comme modèle de comportement, à ce qu'on veut dire. Nous donnons toujours tort à celui qui perd et raison à celui qui gagne. Les différentes versions d'une même histoire n'ont pas la même finale selon l'époque à laquelle elles sont tournées. Dans *Billy the Kid* (King Vidor, 1930), le shérif laisse le héros s'enfuir au Mexique ; dans *The Left-Handed Gun* (Arthur Penn, 1957), le héros se suicide en provoquant un duel avec une arme vide ; et dans *Pat Garrett and Billy the Kid* (Sam Peckinpah, 1973), le shérif tue le héros à regret. Chaque période a les finales qu'elle mérite (et qui l'arrangent).

À partir d'une situation initiale, par exemple celle d'un individu qui se promène dans la rue et qui entend crier «Au secours!», nous pourrions décider que les péripéties de provocation lui apprennent qu'il s'agit : 1) d'une tentative de viol; 2) d'une fausse alerte; 3) ou carrément d'un piège. Si nous adoptons la séquence du viol, nous pourrons choisir parmi différents événements de résolution : 1) il n'intervient pas; 2) on tire sur lui; 3) ou il réussit à sauver la victime. S'il n'intervient pas... la séquence suivante devra délimiter les conséquences de sa décision. La conclusion d'un film correspond donc à une prise de position idéologique.

Si le déclenchement et la résolution de l'intrigue peuvent se répondre point par point, le déroulement se divise toujours en trois étapes, appelées provocation, évaluation, réaction... ou autrement. Parce qu'elle oblige à dégager les étapes vraiment essentielles, la structure en cinq parties permet une certaine anticipation sur le déroulement des événements, et une meilleure compréhension des rôles ou des rapports de force. Valable pour n'importe quel récit, le schéma quinaire reste l'exercice de repérage idéal pour l'analyse et la comparaison.

Dans un film policier de série, la situation initiale présente souvent un crime quelconque, l'intervention d'un gardien qui sera assassiné et la fuite du criminel. La deuxième partie se résume à l'enquête des héros qui accumulent progressivement les données jusqu'à la découverte de l'identité du criminel. Le point-milieu récapitule la frustration engendrée par l'absence de preuve concluante et la quatrième partie montre la reprise de l'enquête par les héros jusqu'à la confession du complice ou la découverte d'une information essentielle. Et la fin nous offre une poursuite ou une bagarre, la capture du criminel et les héros qui se félicitent.

Four Friends (Arthur Penn, 1981) raconte les rêves d'un jeune Yougoslave en même temps que son intégration à la société américaine. Le repérage du schéma quinaire permet de dégager l'essentiel, surtout que le déménagement de la malle de Danilo départage également cinq étapes : son adolescence à Chicago, ses études à l'université, son séjour à New York, sa quête de racines en Pennsylvanie et son retour à Chicago. D'ailleurs l'image de la malle ouvre et ferme le film.

Le déclenchement de l'intrigue est fondé sur un malentendu entre Danilo et Georgia et un conflit entre celui-ci et son père. La situation s'aggrave pour culminer au milieu avec le mariage du fils d'ouvrier de la sidérurgie à Adrienne, la fille du baron de l'acier. Le mythe du succès éclate alors en pleine figure de Danilo (les riches ne partagent pas) et enclenche chez lui une descente vers la réalité de ses origines. La finale propose la réconciliation de Danilo avec son père et avec Georgia.

Le schéma le plus courant du récit filmique

La narratologie a mis en perspective certains principes du modèle d'Aristote. La phase initiale de tout récit, c'est l'instauration d'un méfait ou d'un manque qui déclenche un désir ou une quête, donc un *vouloir* quelconque. La seconde phase, c'est l'instauration d'épreuves qualifiantes pour acquérir graduellement le *savoir*. Et la troisième phase, c'est l'instauration d'épreuves de performance pour acquérir enfin le *pouvoir*. La phase terminale de tout récit, c'est la résolution du conflit (la liquidation des programmes narratifs) avec la sanction du contrat.

L'exposition présente les personnages et amorce le programme narratif dans la mesure où le héros prend conscience d'un objectif et manifeste la volonté de l'atteindre. Dans le développement, la volonté du héros (principe du désir) se trouve confronté à des obstacles (principe de réalité) jusqu'au point culminant d'intensité dramatique (*climax*). Les obstacles naturels ou les adversaires prédominent dans le récit d'aventures tandis que les obstacles internes (les défauts ou les maladresses du héros) prédominent dans le récit psychologique.

Entre le conflit initial et sa résolution finale, il y aura une foule d'événements, avec une récapitulation ou une prise de conscience au milieu du film, sinon un retournement de situation important. Sans modifier le sens général du récit, on peut rétrécir une histoire en laissant tomber certaines scènes ou l'allonger en enchâssant des intrigues secondaires. La phase initiale, le point-milieu et la situation finale restent toujours invariables tandis que les péripéties de provocation et les péripéties de résolution se réduisent ou se multiplient à volonté selon qu'on fait un film pour les salles ou une série pour la télévision.

Généralement, la séquence d'ouverture d'un film comporte trois scènes : la scène du *prologue* (tous les matins, c'est la routine...), celle de la *situation initiale* (ce jour-là, il se passe quelque chose de particulier...) et celle du *nœud dramatique* (il y a un problème, il faut de l'aide...). Suivront trois séquences (de trois scènes chacune) de provocation de la part du méchant ou d'acquisition de connaissances chez le héros. Désastres ou exploits, ces péripéties seront extensibles à volonté, jusqu'au point-milieu et à la suspension de l'action.

Après le retournement ou la prise de conscience du point-milieu, il y aura encore trois séquences (de trois scènes chacune) d'élaboration de la performance. Ces péripéties de résolution seront, elles aussi, variables selon les besoins. Et la séquence de fermeture comportera les trois premières scènes à l'envers : celle du *dénouement* (tout se décide), celle de la *situation finale* (le héros règle le problème) et celle de l'*épilogue* (tout est revenu dans l'ordre). La mécanique du récit garantit d'autant plus le plaisir du spectateur qu'elle exploite efficacement une thématique très riche.

Le schéma le plus courant du récit filmique

1) Séquence initiale ou programme narratif (déclenchement de l'intrigue)	1 séquence d'environ 3 scènes	• le prologue • la situation initiale • le nœud dramatique
2) Événements de provocation, acquisition des connaissances (déroulement de l'intrigue)	3 séquences d'environ 3 scènes	
3) Récapitulation, prise de conscience (retournement de situation)	1 séquence d'environ 3 ou 5 scènes	
4) Événements de résolution, achèvement de la performance (déroulement de l'intrigue)	3 séquences d'environ 3 scènes	
5) Séquence finale ou clôture du programme (résolution de l'intrigue)	1 séquence d'environ 3 scènes	• le dénouement • la situation finale • l'épilogue

Par exemple, dans *One Flew Over the Cuckoo's Nest* (Milos Forman, 1975), la séquence d'ouverture comprend trois scènes. Le prologue montre que tous les matins Mrs. Ratched distribue des pilules à ses patients de l'aile psychiatrique, la situation initiale présente l'arrivée d'un nouveau patient, un prisonnier de droit commun, et la scène du nœud pose le problème : McMurphy est-il vraiment déficient ou s'il feint la folie pour échapper aux travaux forcés? Après trois séquences où le héros s'amuse comme un fou et qui se terminent toutes (à la troisième scène) par une victoire (morale) de McMurphy, nous nous retrouvons au point-milieu avec un retournement de situation et une prise de conscience.

En effet, McMurphy apprend que les patients sont libres de s'en aller, Mrs. Ratched admet qu'il n'est pas déficient et celui-ci apprend qu'il ne sortira plus. Suivent trois séquences qui se terminent toutes (à la troisième scène) par une tentative d'évasion manquée de McMurphy. Et la séquence de fermeture comprend trois scènes. Le dénouement montre McMurphy tentant d'étrangler Mrs. Ratched, la situation finale montre la victoire de Mrs. Ratched puisque McMurphy est lobotomisé, donc enfin déficient, et l'épilogue ajoute que l'Indien réussit à prendre le large.

Le récit propose l'intrusion d'un élément perturbateur dans un système bien organisé, à l'image de la société moderne. Dans la première partie (société libérale), nous sympathisons avec McMurphy qui ridiculise le pouvoir. Il détourne les règles du jeu, simule une partie de base-ball télévisée, organise une partie de pêche interdite... Mais Mrs. Ratched récupère la contestation. Elle n'affronte jamais personne, elle manipule, elle entretient la délation. Dans la deuxième partie (société totalitaire), nous découvrons que ceux qui subissent son autorité s'en accommodent très bien. Nous y reviendrons dans le chapitre sur les personnages.

Autre exemple, dans *Blade Runner* (Ridley Scott, 1982), le prologue instaure la menace de robots-humains évadés, la situation initiale donne la mission à Deckard d'éliminer ces androïdes et le nœud l'amène à rencontrer Rachel, dernier modèle tellement perfectionné qu'elle se croit humaine. Suivent trois séquences où le policier mène son enquête pendant que les androïdes cherchent leur créateur. Au milieu, Deckard apprend qu'il doit aussi tuer Rachel qui, par ailleurs, lui sauve la vie.

Suivent trois séquences où Deckard s'interroge sur la nature humaine (!) pendant que les androïdes tuent leur créateur qui leur refuse une prolongation de vie. Le dénouement fournit le duel avec le dernier androïde, la situation finale permet à celui-ci d'épargner le héros et de se laisser mourir, l'épilogue montre Deckard qui se sauve avec Rachel au lieu de la tuer. Encore une fois, tout se décide dans les quinze ou vingt premières minutes et le repérage méticuleux des trois premières scènes rend prévisibles les trois dernières.

Le schéma des scènes ou des séquences permet de dégager l'essentiel d'un film. *Un zoo, la nuit* (Jean-Claude Lauzon, 1987) commence par deux rendez-vous manqués (Marcel avec son père, puis avec les policiers corrompus). Après trois séquences bâties autour du thème de l'argent, le point-milieu montre la réconciliation du fils et du père sur le lac, alors qu'ils sont surveillés par les deux flics pourris. Détournant le schéma classique, les séquences 6 et 7 éliminent les deux policiers (donc l'intrigue criminelle) pour que les séquences 8 et 9 puissent se consacrer aux relations entre le fils et le père (donc débouchent sur quelque chose de plus important).

Le récit réduit à une mécanique

Certains théoriciens du scénario ont poussé très loin la transposition des principes d'Aristote, jusqu'à proposer la durée (ou le nombre de pages) nécessaire à l'écriture de chaque étape (mise en situation, confrontation, dénouement). Par exemple, Syd Field est devenu célèbre en systématisant le paradigme qui divise tout film en trois actes, dont le second est égal à la somme des deux autres, avec un point tournant (relatif) à la fin de chacun et aussi des points de conflit toutes les 15 minutes (ou 15 pages). Ses disciples ont même publié des livres expliquant comment rédiger un scénario en 21 jours (et le vendre).

Ces livres de recettes se vendent de plus en plus sous forme de logiciels comme *Final Draft*, *Write Pro*, *Dramatica Pro* (parmi d'autres) qui fournissent des banques de situations, des répertoires de personnages, des séries de conseils ou de recommandations, bref un formulaire à remplir sur le modèle consacré de l'efficacité commerciale. L'industrie du cinéma cherche justement à découper l'imaginaire en blocs interchangeables, de façon à le rentabiliser au maximum en fonction de la participation émotionnelle du spectateur... et d'éventuelles pauses publicitaires.

Le cinéma de divertissement propose surtout des histoires aussi répétitives que prévisibles. Avec des héros toujours unidimensionnels. Parce que la causalité n'est jamais de nature sociale, politique ou historique... elle est uniquement psychologique. Même dans les reconstitutions historiques, les événements se déroulent sans raison apparente et n'ont aucune importance, sinon de servir l'évolution d'un héros. À l'instar des romans Harlequin, le cinéma de consommation a élaboré une recette merveilleuse, celle de toujours raconter les mêmes histoires.

Le plus courant de ces modèles, le schéma «Boy Meets Girl», propose aussi un récit en cinq étapes : 1) un garçon rencontre une fille ; 2) il l'aime ; 3) il la perd ; 4) il la retrouve ; 5) il l'épouse. Qu'il la rencontre à l'hôpital, dans un bordel ou à l'armée, ça reste secondaire ; qu'il l'aime sans le savoir, malgré une infirmité ou la désapprobation des parents, c'est accessoire ; qu'il la perde à cause d'un

	A	B	C	D
Situation initiale 1- Ils se rencontrent	Dans une librairie	À un mariage	Lors d'une enquête	Sur le trottoir
Événements de provocation 2- Il l'aime	Mais il la paye	Malgré son rival	Mais c'est une star	Sans le lui dire
Retournement de situation 3- Il la perd	Elle va se marier	Il est trop timide	Car c'est une pute	Pas à la hateur
Événements de résolution 4- Il la retrouve	Grâce à ses amis	Après réflexion	Lui sauve la vie	Il la comprend
Situation finale 5- Il l'épouse	Par amour	Dans son milieu	En secret	Malgré lui

malentendu, d'un rival ou de sa maladresse, les circonstances ne modifient pas en profondeur le squelette narratif.

Par exemple, si le héros rencontre Julia en D, qu'il l'aime en A, qu'il la perd en C, qu'il la retrouve en B et l'épouse en A, cela donne *Pretty Woman* (Gary Marshall, 1990), tandis que 1A, 2C, 3D, 4A et 5B donnent *Notting Hill* (Roger Michell, 1999) ou encore 1C, 2D, 3A, 4D et 5C donnent *Runaway Bride* (Gary Marshall, 1999). Cette structure de base de la comédie romanesque, avec seulement quatre circonstances par étape, fournit plus de 45 combinaisons narratives possibles. Et si on répète les étapes 3 et 4, cela donne *Four Weddings and a Funeral* (Mike Newell, 1993).

La standardisation des émotions en arrive à ce qu'un film d'une heure et demie contienne une moyenne de neuf séquences d'environ 10 minutes, comportant chacune une moyenne de trois scènes d'environ 3 minutes. Proches de la peinture à numéros, les films les plus élémentaires montrent souvent les scènes de mise en situation ou d'information surtout en plans éloignés et peu nombreux (une dizaine), les scènes psychologiques ou de dialogues surtout en plans moyens et selon les besoins (une vingtaine) et les scènes d'action, de tension ou de crise surtout en plans rapprochés très nombreux (une trentaine).

Le cinéma commercial a codifié le découpage des scènes jusqu'à la caricature. Heureusement, les cinéastes créatifs réussissent à s'exprimer à travers et contre les conventions. Mais nous explorerons quand même les règles les plus traditionnelles du découpage de l'espace et du temps pour mieux comprendre comment celui-ci participe à la

mise en scène. Les éléments de base du langage cinématographique nous permettront de vérifier comment il
est entièrement au service des personnages et assure ainsi
notre plaisir.

CHAPITRE 2

LE DÉCOUPAGE DE L'ESPACE

> *Un cafard filmé en gros plan paraît*
> *cent fois plus redoutable qu'une centaine*
> *d'éléphants pris en plan d'ensemble.*
>
> S.M. EISENSTEIN

DANS UNE CERTAINE MESURE, il faut tenir compte des caractéristiques techniques de l'image filmique. La qualité de celle-ci dépend d'abord de la largeur (16 ou 35 mm) et de la sensibilité de la pellicule. Une pellicule très sensible fournit une image granuleuse et peu contrastée (*La Bataille d'Alger*, Gillo Pontecorvo, 1966) tandis qu'une pellicule moins sensible fournit une image plus douce et mieux définie (*Le Septième Sceau*, Ingmar Bergman, 1956). On peut aussi choisir de filmer en noir et blanc, en couleur, ou encore de mélanger les deux (*Les Ailes du désir*, Wim Wenders, 1987).

Le format de la pellicule conditionne la qualité de l'image et le format de l'écran conditionne la perception du spectateur. L'écran standard, l'écran large, le Panavision et le CinémaScope établissent des relations différentes entre le sujet et son environnement. Le film tourné dans un des trois derniers formats sera amputé d'une partie de l'image lors de son passage à la télévision (de la moitié en Scope). Si l'écran standard se prête bien aux compositions verticales (gratte-ciel), les écrans larges conviennent mieux aux compositions horizontales (paysages).

Contrairement à ce qu'on pourrait croire, le noir et blanc s'avère plus propice au réalisme que la couleur. Puisque celle-ci relève de la pure subjectivité, ses utilisateurs les plus doués en profitent pour exploiter ses capacités expressives. Certains poussent la stylisation jusqu'à peindre le gazon et l'asphalte (*Blow Up*, M. Antonioni, 1967), d'autres atténuent les couleurs par saturation pour refléter l'atmosphère d'une époque (*Une journée particulière*, Ettore Scola, 1977) ou encore utilisent les couleurs d'abord pour leur valeur esthétique ou poétique (*Rêves*, Akira Kurosawa, 1990).

Le choix d'un objectif détermine certaines caractéristiques de l'image. Si la focale normale fournit en principe une perspective semblable à celle de l'œil humain, le grand angulaire augmente la profondeur de champ (et le sujet semble se déplacer plus rapidement) tandis que le téléobjectif la diminue (et le sujet semble se déplacer plus lentement). Le zoom (objectif à focales variables) permet par ailleurs de rétrécir ou de grossir le sujet, effet optique qui modifie la profondeur de champ.

Qu'il s'agisse de contribuer à l'impression de réalité ou à l'esthétisme, l'éclairage reste le facteur le plus significatif. En jouant sur l'intensité, la nature et la direction de la lumière, le chef opérateur détermine la zone de netteté, les contrastes, les volumes... donc crée des impacts émotionnels, des tensions dramatiques. D'ailleurs la perception d'une image sera différente selon que le sujet est éclairé de face, de côté, par derrière ou par-dessus. Et la star aura droit à des éclairages particuliers (*back light, rim light, eye light*).

L'éclairage dirigé souligne les formes et modèle les contours tandis que l'éclairage diffus enrobe également le principal et le secondaire en diminuant les contrastes. Mélangeant la lumière crue ou dirigée (*spot*) et la lumière douce ou diffuse (*flood*), l'éclairage composite créera des effets de nuit en augmentant le décalage entre la source principale et les ambiances (dans les scènes de suspense ou d'épouvante) et, au contraire, créera des effets de jour en diminuant le ratio entre les deux éclairages (dans les scènes du quotidien ou les séquences comiques).

L'éclairage filmique s'apparente parfois à celui des peintres. Comme le Caravage et Georges de la Tour, le chef opérateur Henri Alekan privilégie une lumière latérale très forte pour créer des modelés ou des contrastes et laisser dans l'ombre les détails d'intérêt secondaire (*La Belle et la Bête*, Jean Cocteau, 1945). S'inspirant de Watteau et Gainsborough, le chef opérateur John Alcott respecte l'éclairage intérieur de l'époque en filmant à la lueur de chandelles (*Barry Lyndon*, Stanley Kubrick, 1975). Dans la mesure où il se voudra expressionniste, le cinéma saura expérimenter toutes les audaces visuelles. Dans *Bram Stoker's Dracula* (F.F. Coppola, 1992), par exemple, l'ombre du vampire se détache de sa source pour étrangler Jonathan Harker.

Mais le cinéma classique se contente habituellement de viser l'impression de réalité et d'élaborer des éclairages au service des comédiens et de leur expressivité. Certains chefs opérateurs (Alekan ou Vierny) préfèrent la lumière artificielle, d'autres (Almendros ou Storaro) la lumière naturelle, mais qu'il s'agisse de concevoir des éclairages ou de capter la lumière, la tendance actuelle consiste surtout à recréer le naturel... souvent par un éclairage mixte.

Même si elles relèvent autant de la photographie ou de la peinture que du cinéma, ces considérations techniques mériteraient un développement beaucoup plus élaboré. Mais comme notre projet vise surtout à explorer la narration au cinéma, nous insisterons davantage sur le découpage de l'espace. Contrairement au récit écrit, le récit filmique se passe nécessairement dans un espace quelconque. Et les paramètres de cet espace filmique sont le cadrage, l'échelle des plans, les angles de prise de vue, la profondeur de champ et la mobilité de l'image.

Cadrage et composition

La caméra exclut toujours plus de choses qu'elle n'en montre. Le **cadrage** est un choix car il ne présente qu'une partie de la réalité. Il détermine ainsi un champ, donc l'espace qu'on veut montrer, et un hors-champ, donc l'espace qu'on ne veut pas montrer mais qui reste contigu au champ visible, comme son prolongement naturel. Montrer un périscope implique un sous-marin sous l'image, et du sang qui tombe sur des bottes suppose que le personnage a un couteau planté dans le front... Les entrées dans le champ et les sorties du champ, une parole ou un bruit venus d'ailleurs et surtout un regard ou un geste orientés vers l'extérieur témoignent, dans le champ, de l'existence de cet espace imaginaire.

Le plus souvent, le hors-champ est envisagé suivant une direction horizontale, selon les entrées et les sorties des personnages à gauche ou à droite. Il arrive que la représentation s'exerce de façon plutôt verticale, comme dans la série *Batman* de Tim Burton et Joel Schumacher. L'esthétique des plongées et des contre-plongées se justifie ici par l'intrusion, dans l'univers des simples mortels, des anges déchus qui tombent dans les enfers et du gardien de Gotham qui gagne les hauteurs.

Cadrer, c'est organiser l'intérieur du rectangle imposé par la caméra de façon à dégager ou à mettre en évidence certains éléments de l'image. On valorise le sujet en vidant l'avant-plan, en répartissant également la lumière, en accentuant l'angle ou le mouvement... Dans *Jeremiah Johnson* (Sydney Pollack, 1972), lors de leurs rencontres, le montagnard et les Indiens sont toujours filmés dans le même mouvement de caméra parce qu'ils ont la même importance ; le personnage principal ne se retrouve jamais en gros plan (sauf quand il est en mauvaise posture) et au fur et à mesure qu'il s'intègre à la nature, il passe de l'avant-plan à l'arrière-plan.

Le cadrage fait ressentir des émotions, même de façon inconsciente. Dans *Une femme douce* (Robert Bresson, 1968), le suicide se déroule hors champ : alors que le personnage s'est jeté par la porte-fenêtre, nous entendons des bruits de freins et nous ne voyons que les traces de la chute (la table qui se renverse, le châle qui flotte...). Dans *The Honeymoon Killers* (Leonard Kastle, 1970), le cinéaste refuse d'être complice de ses personnages et si le meurtre commis avec un marteau, filmé en plan général, est horrible, celui de la petite fille, qui se déroule derrière une porte, l'est encore plus.

La **composition** facilite la communication visuelle et permet d'attirer l'attention du spectateur sur l'essentiel, selon la disposition des objets et des personnages dans l'image, selon le mouvement des acteurs ou celui de la caméra. La peinture classique a permis de dégager certaines règles de géométrie de l'espace. On affirme souvent que placer le sujet ou la ligne d'horizon au centre de l'image accentue le statisme et qu'il serait plus dynamique, parce que plus propice à la lecture, de respecter certaines règles de la composition picturale : la composition par les tiers, la composition triangulaire, la composition en diagonale, etc.[1]

Par exemple, la composition par les tiers consiste à séparer l'image en trois parties égales, autant de façon verticale qu'horizontale. Le sujet principal devrait se trouver à l'un des points d'intersection. Les trois portions horizontales correspondent souvent à ces trois divisions : l'avant-plan, le milieu, l'arrière-plan. On place idéalement la ligne d'horizon sur une des lignes séparant les tiers. Dans un gros plan, on place la ligne des yeux sur celle du haut. On cadre un personnage statique en dégageant l'espace du côté où il dirige son regard, et un sujet dynamique en dégageant l'espace du côté vers lequel il se déplace.

La composition dépend des lignes, des formes, du mouvement, des masses, de l'équilibre. Sans nécessaire-

---

1. Duc, *L'Art de la composition et du cadrage*, Paris, Fleurus, 1992.

ment décréter que «les lignes droites suggèrent la force ou la masculinité et les lignes courbes la délicatesse ou la féminité», reconnaissons au moins qu'il y a un *sens de la lecture*: le plan d'une pente qui va de gauche en haut vers la droite en bas laisse croire que quelqu'un va la descendre, tandis que la même inclinaison de gauche en bas vers la droite en haut suppose qu'on y grimpera.

La composition dirige l'attention du spectateur vers un sujet particulier tout en influençant sa perception de ce sujet. Elle le fait par la *position* du personnage qui aura plus ou moins d'importance selon qu'il sera vu de face (il nous interpelle), de trois quarts face (il nous invite), de côté (il nous ignore), sinon de dos. Dans une profondeur de champ ou un contrechamp par-dessus l'épaule, le personnage vu de face s'avérera plus important (surtout à gauche). Elle le fait aussi par le *rapprochement* du personnage car un gros plan a plus d'impact dans la mesure où il intensifie une valeur dramatique existante.

La composition crée aussi de l'intérêt par la *séparation*, car le personnage isolé suscite plus d'empathie que ceux qui sont en groupe, et encore plus si le regard des autres est orienté vers lui. Elle désigne le héros quand le champ l'isole et que le contrechamp regroupe les autres, quand il est plus rapproché, mieux éclairé... La composition participe aussi à la signification par la *différenciation* du personnage, toujours de façon à le mettre en valeur. Le personnage en mouvement s'avère plus important que celui qui est statique, le personnage debout plus important que celui qui est assis, le personnage qui s'approche plus important que celui qui s'éloigne, le personnage éclairé plus important que celui qui reste dans l'ombre.

Tout photogramme est donc une interprétation de la réalité. La composition visuelle fournit des lignes de lecture et détermine la perception du spectateur, que ce soit par le jeu des contrastes, par le transfert de la mise au point sur tel ou tel personnage, par la durée consacrée à tel sujet. Bien sûr, l'échelle d'éloignement des plans reste le facteur le plus évident de composition (mais aussi le plus discutable dans son vocabulaire).

Échelle des plans et angles de prise de vue

Le **plan**, c'est tout ce qui se passe dans l'image entre la mise en marche et l'arrêt de la caméra. L'échelle des plans (ou d'éloignement de la caméra) telle qu'on l'utilise habituellement a été conçue en fonction de l'être humain (impossible d'imaginer un gros plan du ciel bleu). Elle avait son utilité dans un cinéma de studio car elle correspondait à une réalité physique, celle des distances nécessaires pour la mise au point des objectifs. Si les Américains coupaient le plan standard (le plus courant) aux cuisses, pour voir les revolvers des cow-boys, nous n'avons jamais su pourquoi les Italiens le coupaient aux genoux.

Par ailleurs, le langage de la télévision (avec sa terminologie plan-tête, plan-ceinture, plan-pieds) confond la distance de la caméra et ce qu'on voit, ce qui démontre surtout ses limites en ce qui concerne le découpage visuel. Nous vous proposons donc le tableau de la page suivante... et nous risquons que le plan général, c'est la même chose que le plan demi-ensemble. Même si personne ne s'entend là-dessus. De toute façon, cette échelle des distances perd de son importance par l'utilisation de la profondeur de

Échelle d'éloignement des plans

Grand ensemble	Caméra très éloignée qui cadre un paysage extérieur très vaste	Distances qui privilégient le décor et le contexte selon l'importance plus ou moins grande du personnage, donc surtout des plans de mise en situation, des plans *descriptifs*.
Plan d'ensemble	Caméra assez éloignée pour qu'on ne distingue pas encore le personnage	
Demi-ensemble	Cadrage qui donne une égale importance aux décors et aux personnages	

Plan moyen	Le personnage est cadré de façon à remplir l'image de la tête aux pieds	Distances qui visent à mettre le personnage en relation avec les autres ou à cerner son comportement, donc surtout des plans d'action ou de dialogues, des plans *narratifs*.
Plan américain	Personnages cadrés coupés aux cuisses ou aux genoux (italien)	
Plan mi-moyen ou semi-rapproché	Caméra plus proche pour cadrer les personnages à partir de la ceinture	

Plan rapproché	Caméra plus rapprochée pour cadrer à partir du buste / des épaules	Distances qui visent à isoler le personnage pour cerner ses émotions et ses sentiments, donc surtout des plans de dramatisation, des plans *psychologiques*.
Gros plan	Caméra si proche que la tête / le visage occupe toute l'image	
Très gros plan	Caméra qui explore un détail du visage ou un objet (insert)	

champ, des mouvements de caméra, du zoom et surtout par le tournage en plan-séquence.

Le cinéma traditionnel a standardisé l'utilisation du plan américain, en admettant que la caméra s'éloigne ou se

rapproche selon les exigences du récit. Les plans descrip-
tifs, habituellement des plans généraux, servent à montrer
le lieu de l'action et à situer les personnages dans le décor.
Les plans narratifs, surtout des plans moyens et mi-
moyens, se préoccupent de l'action et du comportement
des personnages. Les plans psychologiques, habituellement
des plans très rapprochés, servent à visualiser une réaction,
à faire vivre une émotion, ce qui n'a rien à voir avec les
inserts, qui ont une valeur explicative (une carte de visite,
un plan de détail).

Le plan sera perçu comme objectif quand il fournit le
point de vue de la caméra (donc du cinéaste) et il sera
perçu comme subjectif quand il adopte le point de vue
d'un personnage en particulier (nous nous identifions à
son regard). Dans *Psycho* (Alfred Hitchcock, 1960), quand
Vera Miles marche vers la maison, il y a alternance de
travellings arrière cadrant le personnage de face et de
travellings avant subjectifs. Quand le dernier de ces plans
subjectifs devient fixe, nous comprenons que le personnage s'est immobilisé.

Si le type de plan correspond à une distance, l'**angle
de prise de vue** correspond à une position de la caméra.
Certains manuels proposent comme angle *normal* celui où
la caméra est à une hauteur de $5^1/2$ pieds (1,65 m). D'autres proposent de l'envisager au niveau des yeux, surtout si
le personnage principal est un enfant. Et le cinéaste
japonais Ozu avait l'habitude de filmer à 50 cm du sol ses
personnages toujours assis sur des tatamis. La *plongée*
suppose une caméra plus élevée que le personnage qu'elle
filme, tandis qu'à l'inverse, la *contre-plongée* suppose une
caméra plus basse que le personnage qu'elle filme.

Dans *Psycho* (Hitchcock, 1960), la scène où Arborgast monte l'escalier chez les Bates est filmée à vol d'oiseau, «pour pouvoir filmer la mère verticalement car si je l'avais montrée de dos, j'aurais eu l'air de masquer volontairement son visage et le public se serait méfié. De l'angle où je m'étais placé, je ne donnais pas l'impression d'éviter de montrer la mère. La seconde et principale raison pour monter si haut avec la caméra était d'obtenir un fort contraste entre le plan général de l'escalier et le gros plan du journaliste quand le couteau s'abat sur lui[2] ». Le choix d'un angle de prise de vue correspond donc à une nécessité dramatique.

Dans *The Servant* (1963), Joseph Losey traduit visuellement la relation entre ses deux personnages ; il filme continuellement le serviteur en plongée et le maître en contre-plongée... et au fur et à mesure que la relation de domination s'inverse, le serviteur est filmé en contre-plongée et le maître en plongée! Au début du film, le maître est toujours près de la caméra, dominant l'action de toute sa présence, tandis que graduellement, c'est le valet qui s'impose en étant plus proche de la caméra.

Mais il est ridicule de prétendre que la plongée écrase le personnage et que la contre-plongée le grandit. Dans une contre-plongée, le plafond peut écraser le personnage tout comme l'absence de décor peut le faire paraître plus important. Dans *Le Procès* (Orson Welles, 1962), quand les policiers viennent chercher Joseph K..., la scène est filmée en légère contre-plongée, avec un grand angle, de sorte que

---

2. François Truffaut, *Hitchcock/Truffaut*, Paris, Ramsay, 1983, p. 233-234.

le personnage semble emprisonné par les décors. Ces angles de prise de vue n'ont donc pas de valeurs expressives en eux-mêmes, mais seulement dans un certain contexte.

Profondeur de champ et mouvements de caméra

La **profondeur de champ**, c'est la zone de netteté qui, pour une focale et un diaphragme donnés, s'étend en avant et en arrière du plan de mise au point. On peut accentuer la profondeur de champ par l'éclairage (entre le devant et l'arrière-scène), par les perspectives (type de focale et distance du sujet), par la mise au point (selon que le *focus* est à l'avant ou l'arrière), par le mouvement (soit du sujet, soit de la caméra). La profondeur de champ, c'est l'organisation des plans dans l'axe, donc un montage dans l'espace plutôt que dans le temps.

En effet, la profondeur de champ permet de présenter simultanément plusieurs actions. Dans *Citizen Kane* (Orson Welles, 1941), par exemple, elle permet d'accentuer la dramatisation par l'apparition d'un personnage (pendant le discours politique, Getty apparaît en avant-plan), de mettre en scène la relation d'un personnage par rapport à un autre (à Xanadu, Kane et sa femme sont toujours loin l'un de l'autre dans le même plan), de souligner un objet ou une signification (le verre en avant-plan dans la scène de la tentative de suicide, le traîneau en arrière-plan dans celle du contrat) et surtout de respecter l'espace réel (et la durée) au lieu de découper en plans séparés (nous y reviendrons dans le chapitre sur le temps).

La tendance actuelle vise à réduire la profondeur de champ. Le vidéoclip et la publicité ont appris aux cinéastes à privilégier les flous, à glisser sur les détails, à cultiver les effets graphiques et rythmiques. Comme dans *Monsieur Hire* (Patrice Leconte, 1989). Souvent réduite à une sélection de traits, l'image est moins objet de netteté que de stylisation. On tourne en macro (rapproché) pour mettre en relief les textures. Dans *Le Silence* (Mohsen Makhmalbaf, 1998), la faible profondeur de champ présente les visages et les objets sur des fonds flous et mouvants, pour mieux traduire le monde d'un enfant aveugle, un monde qui se limite à ce qu'il entend.

L'image peut aussi être mobile puisque la caméra se permet tous les **mouvements**. Dans un panoramique (horizontal ou vertical), la caméra pivote sur elle-même pour regarder passer le sujet ou observer le décor. Dans un travelling (avant ou arrière, horizontal ou vertical), la caméra se déplace pour accompagner le sujet en mouvement. La trajectoire combine panoramique et travelling. Et le filé est un mouvement très rapide qui sert finalement de transition. Contrairement au travelling, le zoom avant ne rapproche pas du sujet mais le grossit en diminuant la profondeur de champ, tout comme le zoom arrière le rapetisse en augmentant la zone de netteté, cela par une variation de la distance focale de l'objectif.

La caméra légère, donc portée à l'épaule, permet de suivre des personnages partout et Jean Rouch le fait pendant vingt minutes (deux chargeurs) dans *Paris vu par...* (1965). L'instabilité de la caméra portée permet de contribuer à la panique d'une scène d'émeute, comme dans *The Killing Fields* (Roland Joffé, 1984). La grue, bras pivotant sur un axe, permet aussi des trajectoires complexes comme le long plan-séquence initial dans *The Player* (Robert

Altman, 1992) qui s'offre le luxe de citer, dans le dialogue, celui de *Touch of Evil* (Orson Welles, 1957).

On a inventé des stabilisateurs avec harnais, mécanismes qui absorbent les saccades de la marche avec caméra (Steadicam, Panaglide, etc.). On a inventé des grues avec plateaux pour caméra dont les réglages et les déplacements sont télécommandés du sol (Louma, Skycam, etc.). Ces techniques permettent des mouvements d'appareil qui rendent caduque la terminologie panoramique/travelling. La caméra est devenue tellement libre qu'elle se permet d'adopter le point de vue subjectif du personnage qui se prend pour un oiseau, volant à travers les ruelles et au-dessus des maisons, dans *Birdy* (Alan Parker, 1984).

Un mouvement de caméra peut révéler des significations en cours de route ou nous permettre de découvrir certaines choses en même temps que le personnage. Dans le dernier plan du film *Morgan* (Karel Reisz, 1966), le personnage principal (marxiste enfermé à l'asile) semble avoir démissionné et se contenter de faire du jardinage, mais un travelling arrière nous révèle qu'il a taillé une faucille et un marteau. Et la scène de l'attaque de la station-service dans *The Birds* (Alfred Hitchcock, 1963) reste un modèle de dramatisation par mouvements contraires.

Souvent décoratifs, les mouvements de caméra font maintenant partie du découpage. On s'amuse même à distordre les perspectives et à créer l'illusion du sur-place en combinant un travelling arrière et un zoom avant (ou l'inverse), comme dans *La Haine* (Mathieu Kassovitz, 1995). Pourtant, un mouvement de caméra autour d'un sujet immobile peut sembler artificiel et déplacer l'intérêt sur lui-même, donc briser l'impression de réalité. D'ailleurs un simple rapprochement par changement de plans reste plus dynamique, car un mouvement de caméra ralentit l'action tandis que le changement de plan nous amène immédiatement au sujet visé.

On raccorde facilement deux mouvements de caméra s'ils sont de même nature, dans la même direction et à la même vitesse. Le mouvement d'un sujet peut être annulé par un travelling à la même vitesse (comme suivre un hélicoptère sur fond de ciel bleu). Un mouvement de caméra permet aussi de passer d'un centre d'intérêt à un autre : nous suivons un serveur entre les tables jusqu'à celle des personnages principaux... tandis que le serveur continue hors champ.

Mais le mouvement dans l'image reste plus important que le mouvement de caméra. Lorsque la caméra est fixe, le mouvement horizontal d'un sujet traversant le cadre d'un côté à l'autre paraîtra plus rapide à l'écran que dans la réalité et paraîtra encore plus rapide à l'avant-plan qu'à l'arrière-plan. En effet, le même geste, à la même vitesse, paraîtra plus rapide dans le plan rapproché parce qu'il parcourt une plus grande distance... si bien que dans les gros plans, le comédien doit ralentir la vitesse de son déplacement et retenir l'amplitude de ses gestes. Pendant le tournage du film *Les Ordres* (1974), Michel Brault a demandé à Hélène Loiselle (en très gros plan) de simplement « penser » à sourire au policier qui lui manifestait de la sollicitude.

Les délimitations par le *cadrage*, les choix de la *composition* et les possibilités de l'échelle des *plans* font que l'espace filmique n'est pas du tout la reproduction de l'espace réel. Les *angles* de prise de vue, les *mouvements* de caméra et les plans *subjectifs* présentent une ubiquité que notre œil n'aura jamais dans la réalité. L'expressivité commence dès la prise de vue la plus simple, car elle oblige à une foule de décisions en fonction de telle ou telle intention.

Supposons le plan moyen d'un couple assis sur un banc, le garçon à gauche et la fille à droite, vus de face. Soudain le garçon se lève, passe devant la fille et sort de l'image. La scène pourrait être filmée autrement. La caméra pourrait faire un zoom avant pour retrouver la fille en gros plan. Elle pourrait faire un panoramique pour suivre le garçon qui s'éloigne. Ou encore elle pourrait se déplacer (travelling) jusqu'à la gauche de la fille (en pivotant) pour voir en profondeur de champ le garçon s'éloigner... et garder ainsi les deux protagonistes présents dans l'image. Le plan neutre du début peut donc s'enrichir de trois mouvements de caméra selon qu'on veut concentrer l'attention sur la fille, sur le garçon ou sur le couple.

Supposons les mêmes personnages en train de souper, vus de côté, le garçon à gauche, la fille à droite. Le garçon se lève, passe derrière la table et va embrasser la fille. Pour mieux décrire l'action, un mouvement de caméra peut accompagner le garçon. Ou encore un plan par-dessus l'épaule de la fille permet à la caméra de privilégier le garçon venant rejoindre son amie en profondeur de champ. Sinon le contrechamp peut insister sur la fille (qui parle) en attendant que le garçon entre dans l'image. Il y aura toujours trois possibilités de relier deux sujets : un mouvement de caméra, une profondeur de champ ou un contrechamp. Ces possibilités se démultiplient aussi par les angles de prise de vues, les déplacements des personnages, les transferts de mise au point.

Une excellente illustration des richesses du découpage de l'espace se retrouve dans la scène finale du film *Le Déclin de l'empire américain* (Denys Arcand, 1986). La caméra suit un personnage, s'arrête sur quelqu'un qui parle, revient en suivant quelqu'un d'autre... Et le découpage départage les couples, certains se retrouvant réunis visuellement dans le même plan, d'autres éloignés l'un de l'autre, se tournant le dos en profondeur de champ. Les prouesses expressives de cette scène prennent tout leur sens quand on les compare à la scène du souper dans *La Maudite Galette* (Denys Arcand, 1971), tournée en un seul plan qui dure le temps de la discussion. Dans celle-ci, la caméra se contente d'observer la situation dramatique tandis que dans la finale du *Déclin*, elle contribue à la dramaturgie, elle participe à la signification.

CHAPITRE 3

LA CONTINUITÉ VISUELLE

Si les acteurs qui dialoguent sont excellents, inutile
de se casser la tête: plan-séquence. S'ils sont inégaux,
un acteur bon et l'autre moins doué; champ-contrechamp.

FRANÇOIS TRUFFAUT

O N PEUT FILMER quelque chose de simple en un seul
plan, mais dès que se déroule une action complexe,
la prise de vue unique suffit rarement. Au contraire, dra
matiser, c'est découper en plusieurs plans et selon différents angles de prise de vue, de façon à toujours fournir le
meilleur point de vue au spectateur. Une scène d'accident,
par exemple, sera filmée avec plusieurs caméras, ou répétée
si on a une seule caméra (qu'on déplacera à chaque fois).
Et le monteur choisira dans les différentes versions de la
scène un plan large pour la mise en situation, un travelling
d'accompagnement d'une des voitures, un plan rapproché
et en plongée pour mieux voir la collision, un gros plan
pour bien faire ressentir la peur de l'accidenté, etc.
Dans *Cyrano de Bergerac* (Jean-Paul Rappeneau,
1990), la tirade du nez est découpée en une foule de plans

pour mieux servir le panache d'un Depardieu capable de faire accepter l'alexandrin comme une langue naturelle. Il suffit de comparer des scènes de hold-up, d'interrogatoire ou d'évasion dans divers films, des scènes de séduction, de querelle ou d'enterrement par des auteurs différents, pour vérifier que les meilleurs découpages choisissent un point de vue particulier. Pour être efficace, cette stratégie du regard doit correspondre à une nécessité dramatique.

Sous prétexte de faire participer le spectateur, on se rapproche, on s'éloigne, on contourne... pour bien dramatiser les gestes qui le méritent. Une scène d'action d'environ 3 minutes pourra être découpée en 20 ou 30 plans (et même plus) pour permettre au spectateur d'être au centre de l'action, de s'identifier au protagoniste choisi ou encore de voir les choses de façon particulière. Mais ce découpage analytique doit reconstituer une certaine continuité visuelle dans l'action pour laisser croire que les plans se suivent logiquement, naturellement.

La variation des plans doit respecter certaines règles pour sauvegarder l'impression de réalité. On se permet parfois des ruptures extrêmes, comme le passage d'un plan d'ensemble à un gros plan, mais on évite le découpage dans l'axe. La règle la plus élémentaire stipule en effet que tout changement de plan (d'un même sujet) entraîne un *changement d'angle d'au moins 30°*. Pour passer du gros plan d'un personnage à un plan moyen du même personnage, il faut aussi changer d'angle, passer par exemple d'un plan de face à un plan de trois quarts face.

Pour fournir un autre point de vue sur un même sujet, il faut donc le filmer autrement, c'est-à-dire éviter les sauts en avant (ou en arrière), comme si la pellicule avait cassé.

On change d'angle... par rapport au plan précédent. Sinon autant se rapprocher ou s'éloigner par un travelling ou un zoom. Et l'inverse est valable : pourquoi changer d'angle si on ne se rapproche ou ne s'éloigne pas ? D'ailleurs un très fort écart angulaire corrige un trop faible changement de plan, comme une grande différence d'échelle fait accepter un faible changement d'angle.

1) Diagramme de plateau

Changement d'angle de 30° à partir de l'angle précédent pour éviter le découpage dans l'axe.

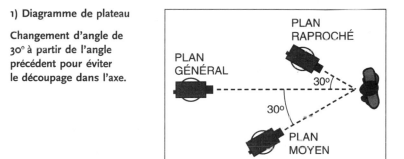

Une autre loi concerne le contrechamp. Si un premier plan nous présente un personnage de face qui regarde devant lui, c'est le champ. Le plan du même individu vu de dos ou, plus fréquemment, le plan de ce qu'il regarde ou de la personne qui lui fait face, constitue le contre-champ. Étant donné que le plan d'un personnage suivi du plan d'un autre sujet ne suppose pas nécessairement que l'un regarde l'autre, il faut habituellement faire saisir la relation spatiale entre les deux en répétant chacun plusieurs fois, selon un principe d'alternance. Mais, le plus souvent, on complète une série de champs-contrechamps par un plan général ou une profondeur de champ, qui englobe alors les deux sujets et les situe vraiment l'un par rapport à l'autre, cela en respectant un axe imaginaire.

En effet, la loi la plus connue parce que la plus évidente, c'est celle de l'*axe de 180°*. Elle consiste à toujours placer la caméra du même côté de cette ligne invisible qui relie les deux protagonistes. Le cinéma classique en est encore à la scène « à l'italienne » et le spectateur tient à retrouver ses personnages au même endroit d'un plan à l'autre pour ne pas continuellement les chercher sur l'écran. Dans une scène de dialogue, après un plan de mise en situation, on filmera en champ-contrechamp externe, en cadrant les deux personnages en profondeur de champ, par-dessus l'épaule. Puis on passera au champ-contre-champ interne, en cadrant un seul personnage à la fois, de plus près (**figures 2 à 8**).

2) Scène de dialogue

Plan moyen (*establishing shot***) à gauche, la femme vue de côté, à droite, l'homme vu de côté.**

3) Champ externe

En profondeur de champ à gauche, la femme vue de dos, à droite, l'homme vu de face, tous deux en plan mi-moyen.

4) Contrechamp externe

En profondeur de champ
à gauche, la femme vue de
face, à droite, l'homme vu
de dos, tous deux en plan
mi-moyen.

5) Champ interne

À droite, l'homme
vu en plan rapproché
regardant vers la gauche.

6) Contrechamp interne

À gauche, la femme
vue en plan rapproché
regardant vers la droite.

7) Plan sur l'axe (subjectif)

L'homme en gros plan
presque de face,
comme vu par la femme.

8) Diagramme de plateau

Positions de caméra
correspondant à chaque plan
de la scène de dialogue.

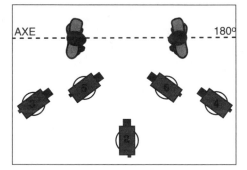

Parce que la caméra est toujours restée du même côté de l'axe qui reliait les deux personnages, le garçon est toujours à droite, regardant vers la gauche, et la fille est toujours à gauche, regardant vers la droite. Si un des plans était filmé de l'autre côté de l'axe, les personnages regarderaient dans la même direction ou se retrouveraient alors inversés l'un par rapport à l'autre (**figures 9 à 11**).

La façon la plus simple de filmer une conversation consiste à tourner toute la scène par-dessus l'épaule d'un des personnages et à la recommencer au complet pour la filmer selon l'autre point de vue. On se retrouve alors avec

**9) Champ externe
(reprise)**

En profondeur de champ
à gauche, la femme vue
de dos, à droite, l'homme
vu de face,
tous deux en plan mi-
moyen.

**10) Diagramme
de plateau**

La caméra ayant traversé
l'axe imaginaire de 180°,
les perspectives sont
donc inversées.

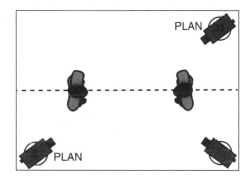

11) Contrechamp externe

En profondeur de champ
à gauche, l'homme vu de dos,
à droite, la femme vue de
face, tous deux en plan mi-
moyen.

deux plans de la conversation au complet, qu'il nous reste à monter en alternance. Comme on a filmé les paroles d'un personnage et ses réactions aux répliques de l'autre, de même que les répliques et les réactions de l'autre protagoniste, on pourra insister sur ce qu'on veut au montage.

En jouant sur la distance de la caméra, on privilégie celui qui sera en plans plus rapprochés (donc plus important), car on a tendance à s'identifier à celui qui est le plus « présent ». On peut même combiner un champ externe (les deux personnages par-dessus l'épaule) avec un contrechamp interne (un seul des deux protagonistes) ; ainsi le personnage toujours présent dans les deux plans (et le plus souvent de face) deviendra le personnage le plus important. Internes ou externes, les champs-contrechamps permettent de privilégier tel ou tel acteur par la distance (et par la durée), donc contribuent à déterminer le personnage principal.

Et l'alternance garantit le respect automatique de la loi du changement d'angle d'au moins 30° puisque chaque plan est l'opposé de l'autre. Si on passe du champ externe au contrechamp interne, on peut se rapprocher graduellement de l'axe de 180° jusqu'à supposer que l'un est vu par l'autre et permettre ainsi l'identification à celui qui regarde, l'autre étant vu en plan subjectif (par le spectateur). Mais il faut éviter de placer la caméra carrément sur l'axe car les personnages risquent de regarder directement la caméra (donc le public) et le contrechamp extérieur (sur l'axe) cacherait un personnage par l'autre.

Habituellement on filme les plans de face dans un angle de 15°. D'ailleurs le contrechamp à 180° (sur l'axe) crée des problèmes : si deux personnages s'en vont dans un parc, vus de dos (la fille à gauche, le garçon à droite), le contrechamp du même couple vu de face montrerait la fille à droite. Ou bien on accepte la logique du changement de point de vue, ou bien on assure la continuité visuelle en intervertissant au tournage la position des comédiens[1]. Dans une scène à trois personnages, si deux de ceux-ci sont rapprochés l'un de l'autre et le troisième isolé, l'axe imaginaire de 180° passe des deux personnages à l'autre. Si les trois personnages sont également importants, chaque série de deux personnages engendre son axe et se trouve raccordée par les regards, avec le personnage du milieu comme pivot. Dans le champ-contrechamp entre un conférencier et une assemblée, si l'axe est perpendiculaire au conférencier, la caméra reste toujours du même côté. Si l'axe est parallèle au conférencier, les raccords devraient se faire par les directions contraires des regards, et du conférencier et du public.

La loi de l'axe imaginaire est encore plus évidente dans les déplacements de personnages. Pour qu'un personnage qui se déplace (en plusieurs plans) le fasse toujours dans la même direction, il faut éviter de traverser l'axe de 180°. On peut placer les caméras à n'importe quelle distance et sous n'importe quel angle, en autant qu'elles restent toujours du même côté de l'axe qui constitue la trajectoire, sinon le personnage retournera sur ses pas. Au hockey, les caméras ne traversent pas l'axe de la patinoire, on risquerait de laisser croire que les joueurs lancent dans leur propre filet.

---

1. Philippe DURAND, *L'Acteur et la Caméra*, Paris, Éd. Techniques Européennes, 1974, p. 108.

12) Diagramme de plateau

Sujet en déplacement
avec raccords de direction.

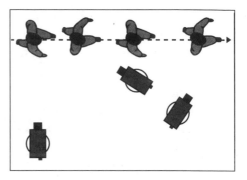

Pour changer de direction dans une série de plans, il faut en informer le public par une inversion effectuée dans l'image même, par un plan neutre (le sujet se déplaçant en direction de la caméra) ou par un plan de réaction (un témoin observe le changement en tournant la tête). Bien sûr, nous pouvons toujours traverser l'axe entre deux personnages par un simple mouvement de caméra, en déplaçant le spectateur avec nous. Reste que le découpage conserve sa nécessité dramatique.

Exercice de continuité

En guise de récapitulation pratique de toutes ces lois, envisageons le découpage technique d'une scène de meurtre (du moins sa préparation). Le premier plan pourrait montrer deux individus louches sortant d'une auto dans une ruelle par une soirée pluvieuse. Le deuxième plan montrerait un homme à sa fenêtre se cachant derrière les rideaux et reculant. Le troisième plan serait celui d'une main qui prend un revolver dans un tiroir.

Pour éviter de tout cadrer en plan moyen et à angle normal, nous pourrions choisir de commencer par un plan général pour voir le décor où se situe l'action, filmant les deux tueurs de face (se dirigeant vers la maison) et en plongée, comme s'ils étaient vus par le personnage à la fenêtre (que nous supposons donc au second étage). Nous verrions l'éventuelle victime en plan moyen, de face et en contre-plongée (l'inverse du plan précédent). Et le troisième plan serait un gros plan avec légère plongée, pour mieux voir l'arme et augmenter l'intérêt dramatique.

Nous nous sommes donc rapprochés graduellement mais le résultat s'apparente plus à un diaporama qu'à une scène de film. Les deux premiers plans constituent un

Scène à découper

13) Plan général des tueurs vus de face, en plongée, se dirigeant vers la maison.

14) Plan moyen de la victime vue de face, en contre-plongée, regardant par la fenêtre.

15) Plan rapproché d'une main dans un tiroir en légère plongée.

champ-contrechamp, donc exigent un plan qui les englobe pour montrer qu'ils partagent le même espace. Il manque une **profondeur de champ** entre les plans 14 et 15, un plan qui permettrait à la caméra d'entrer à l'intérieur, avec en avant-plan l'observateur vu de dos et en arrière-plan les deux tueurs vus de face.

Comme les deux premiers plans constituent un champ et un contre-champ, ils dessinent un axe imaginaire de 180°. Le protagoniste à la fenêtre, vu de dos, sera à gauche ou à droite (et les tueurs du côté inverse) selon que la caméra était d'un côté ou de l'autre de l'axe dans le

16) Profondeur de champ

servant de transition entre les plans 14 et 15 avec caméra à droite de l'axe.

17) Profondeur de champ

servant de transition
entre les plans 14 et 15
avec caméra à gauche de l'axe.

**18) Diagramme
(à vol d'oiseau)**

correspondant au plan 16.
Les caméras devraient
être de l'autre côté de l'axe
pour correspondre au plan 17.

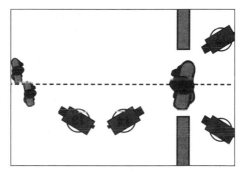

premier plan (car il faut éviter de placer la caméra sur l'axe). Et la profondeur de champ justifie surtout le passage au plan de la main dans le tiroir. Une fois à l'intérieur, la caméra peut alors se préoccuper de l'éventuelle victime et permettre, pendant ce temps, aux deux tueurs de se rendre à l'appartement.

La continuité par les raccords

En plus de découper les plans selon des angles pertinents, il faut aussi les raccorder de façon adéquate pour préserver l'illusion d'un espace homogène et d'une action continue. La loi des **raccords** vise en effet à assurer une continuité visuelle et logique. Quand on découpe un plan général en plusieurs plans rapprochés, chacun des personnages doit toujours réapparaître du même côté de l'écran, et comme nous l'avons vu, ce raccord de position sera automatique si on a respecté l'axe imaginaire. Il y a aussi des raccords de regards, de mouvement et de direction.

Le raccord de *regards* consiste à orienter ceux-ci selon la logique. Quand un personnage est debout face à un autre personnage assis, le premier doit regarder sous la caméra (parce que ce qu'il regarde est plus bas que lui) et l'autre doit regarder au-dessus de la caméra (pour la raison inverse). Et deux personnages qui se font face dans des plans séparés doivent regarder dans des directions opposées. S'ils regardent dans la même direction, on s'attend à voir ce qu'ils regardent tous les deux. Inconsciemment, on les amène à regarder dans des directions différentes même au cours d'une conversation téléphonique.

Si un personnage regarde hors cadre, on s'attend à ce que le plan suivant soit un plan (subjectif) de ce qu'il regarde. Le plan subjectif doit être vu selon le point de vue de l'observateur, à la hauteur et à la distance pertinentes. Un gros plan de quelqu'un qui regarde de l'autre côté de la rue sera suivi d'un plan général, du moins d'un plan moyen (encore qu'on peut tricher plus facilement dans un plan subjectif). Habituellement le plan subjectif est précédé d'un plan rapproché de celui qui regarde. Et on ne peut pas revenir au personnage par un panoramique car il ne peut pas à la fois regarder et se voir lui-même (à moins que le plan subjectif introduise un flash-back).

Le raccord de *mouvement* permet à une action commencée dans un plan de continuer naturellement dans le plan suivant malgré le changement d'angle. Prenons l'exemple de quelqu'un qui saute par-dessus un banc de parc (vu de côté, en plan général, avec panoramique) pour découvrir qu'un piège à ours l'attend de l'autre côté (personnage vu de trois quarts face en plan moyen)... On a changé d'angle pour se rapprocher de lui et mieux voir sa déconfiture, mais il ne faut quand même pas le laisser en suspens au-dessus du banc.

En principe, on doit reprendre le geste dans le second plan exactement là où on l'a interrompu dans le premier plan. Quand on filme avec une seule caméra, on reprend la situation au complet une deuxième fois selon l'autre angle, tandis qu'avec deux caméras, on filme les deux plans en même temps. Mais dans les deux cas, on aura à couper la fin du premier plan (personnage de côté en plan général au-dessus du banc) et le début du second plan (vu de face en plan moyen au-dessus du banc) de façon à ce que le mouvement continue d'un plan à l'autre.

Pourtant, Jean Mitry a bien expliqué qu'il ne faut pas reprendre le mouvement exactement là où on l'avait laissé, même avec des caméras synchronisées. Dans le cas qui nous intéresse, le cascadeur semble piétiner au-dessus du banc. « Pour tout raccord dans le mouvement, il convient de supprimer, d'un plan à l'autre, un certain nombre d'images, et un nombre d'autant plus grand que leurs points de vue sont plus éloignés et que le mouvement est plus rapide[2]. » Il faut toujours couper quelques secondes

---

2. Jean MITRY, *Esthétique et Psychologie du cinéma*, Paris, Éd. Universitaires, 1963 (tome 1), p. 404.

d'images (ou fractions de seconde) parce que le spectateur veut croire que, *pendant qu'il s'est déplacé avec la caméra*, le personnage a quand même continué son mouvement.

La règle des raccords de *direction* propose qu'un sujet en mouvement doit apparaître dans l'image du côté opposé à celui d'où il est sorti dans l'image précédente. Donc si on lance une flèche vers la droite, elle doit réapparaître du côté gauche dans l'image suivante... sinon elle revient sur ses pas. Les personnages en déplacement doivent conserver la même direction. Le skieur qui disparaît en bas de l'image du côté gauche doit réapparaître en haut du côté droit (donc les deux plans doivent être filmés du même côté de l'axe de 180⁰). Ce type de raccord s'avère particulièrement important dans les scènes de poursuite.

L'exemple le plus évident reste la caméra qui filme à partir d'un bateau en train de descendre une rivière. Si on filme tantôt une berge et tantôt l'autre, le décor défile (par rapport à la caméra, donc sur l'écran) tantôt vers la droite, tantôt vers la gauche, et le bateau donne l'impression parfois de descendre et parfois de remonter le courant. Non seulement il faut raccorder sur la même direction mais aussi sur la bonne distance par rapport à la caméra : la taille du personnage doit être la même à la sortie du champ qu'à l'entrée du contrechamp.

Pour changer de direction, il faut que le personnage tourne devant la caméra, donc que nous visualisions le changement, ou encore qu'il se dirige vers la caméra ou s'en éloigne (plan neutre). À moins qu'il ne soit observé par un témoin (dans un plan de réaction) qui tourne la tête pour souligner le changement. Une autre façon de tricher avec l'axe de direction consiste à inverser la direction du personnage au tournage et, en même temps, à placer la caméra de l'autre côté de l'axe, dans la mesure où le décor le permet.

Deux plans d'un même sujet en déplacement doivent être pris à des distances différentes, sinon sous des angles différents. Un sujet en déplacement ne doit pas se retrouver toujours au centre de l'image, aussi bien au début qu'à la fin de chaque plan, sinon il ne progresse pas mais se contente de changer de décor, comme dans un diaporama. Si le sujet disparaît près de la caméra, il doit réapparaître près de la caméra, à moins qu'on désire jouer sur le temps. D'ailleurs la caméra doit filmer avant l'entrée du personnage, le suivre et filmer après sa sortie de l'image, car il faut laisser au monteur le choix de pouvoir couper avant, pendant ou après, ce que nous verrons dans le chapitre sur la continuité temporelle.

Habituellement le cinéma classique visualise le déplacement vers l'ouest en suivant les personnages vers la gauche et visualise le déplacement vers l'est en les suivant vers la droite. Les manuels américains proposent même de visualiser le déplacement vers le nord en passant du bas, à gauche de l'image, vers le haut, à droite, et le déplacement vers le sud en passant du haut, à gauche de l'image, vers le bas, à droite. Les conventions vont jusqu'à standardiser, selon le sens de la lecture, le déplacement des bons vers la droite et celui des méchants vers la gauche.

Bien sûr, le film *À bout de souffle* (Jean-Luc Godard, 1960) est devenu célèbre en violant systématiquement toutes ces règles de la continuité visuelle. Mais il marquait justement le passage au cinéma moderne. Et nous avons exploré toutes ces techniques de découpage précisément pour faire admettre que le langage traditionnel n'est surtout pas naturel. Même s'il vise avant tout à effacer les traces de sa pratique (surtout par les raccords), le langage du cinéma classique exige tout un travail d'élaboration qui n'a rien à voir avec le cri primal.

Depuis le début des années 1980, le vidéoclip et la publicité ont transgressé les codes de la continuité et habitué les spectateurs à tous les raccourcis. Mais l'impression de réalité exige quand même la maîtrise du découpage. Un personnage qui réagit à ce qu'il entend ne le fait pas parce qu'il est en gros plan mais se retrouve en gros plan parce que le cinéaste choisit justement de montrer sa réaction de près... pour mieux communiquer avec le spectateur. Le choix des plans, des angles et des raccords relève du discours.

CHAPITRE 4

L'ARTICULATION DU TEMPS

> *Je pensais que le film ne durerait*
> *que deux heures trente. C'est peu à peu que*
> *la durée actuelle s'est imposée. J'ai découvert*
> *qu'en vieillissant, l'érotisme, ça prend plus*
> *de temps! À dix-neuf ans j'aurais sans doute*
> *réalisé un film de quatre-vingt-dix minutes.*
>
> PHILIP KAUFMAN
> *(Au sujet de* L'Insoutenable Légèreté de l'être, *2 h 55 min).*

L A FAÇON LA PLUS ÉVIDENTE pour le cinéma de manipuler le temps reste le retour dans le passé ou l'incursion dans le futur. Intercalés dans l'ordre chronologique, le **flash-back** présente des événements qui se sont déroulés auparavant dans le récit, tandis que le *flash forward* présente des événements qui se dérouleront plus tard. Si le flash-back peut être attribué à la subjectivité d'un personnage, le *flash forward* constitue plutôt une intervention du cinéaste, comme dans *They Shoot Horses, Don't They?* (Sydney Pollack, 1969). Plus rarement, il propose des prémonitions du personnage, comme dans

Don't Look Now (Nicolas Roeg, 1973) et *The Dead Zone* (David Cronenberg, 1983).

Longtemps introduit par un fondu enchaîné et une voix off, le flash-back surgit de plus en plus en montage sec, et parfois ne se reconnaît qu'après coup. Parce qu'il permet de mieux connaître un personnage en explorant son imaginaire, le flash-back a valeur de vérité. Mais dans *The Usual Suspects* (Bryan Singer, 1995), l'interrogatoire propose un récit éclaté avec des flash-back qui se révéleront faux. Quand ils fournissent les témoignages de plusieurs personnages, les retours au passé finissent souvent par apparaître contradictoires.

Le flash-back participe aussi à la narration en apportant l'information quand on en a besoin. On peut susciter l'intérêt en commençant en pleine action pour fournir ensuite les explications sur la situation initiale. *Ordinary People* (Robert Redford, 1980) commence après l'événement à la source des conflits et la noyade de Bucky nous est révélée graduellement par les dialogues et les flash-back. Dans *Snake Eyes* (Brian De Palma, 1998), les flash-back élaborent une structure en spirale et les versions des différents protagonistes fournissent toujours plus d'information jusqu'à la révélation finale (captée par une caméra de surveillance).

Relevant d'un certain modernisme, *Annie Hall* (Woody Allen, 1977) montre des scènes au passé avec intrusion du présent, comme lorsque Alvy Singer se rappelle ses camarades de classe et intervient avec Annie dans le flash-back pour savoir ce qu'ils sont devenus. Dans *Lone Star* (John Sayles, 1995), le passé surgit par simple déplacement de caméra à l'intérieur du plan, sans aucune ponctuation. Et quand Pilar, au travail, se rappelle comment elle a été séparée de Sam, le retour au présent se fait sur celui-ci, au ciné-parc, en train d'évoquer le même souvenir.

Comme il s'agit d'une notion subjective, le traitement du temps reste assez difficile. Dans *L'Histoire officielle* (Luis Puenzo, 1984), la petite Gaby raconte à sa poupée ce que sa mère lui a probablement raconté quand elles étaient en prison. C'est du moins ce que nous comprenons quand les enfants, armés de fusils-jouets, font irruption dans sa chambre, comme les vrais soldats ont dû le faire pour la séparer de sa mère, quelques années auparavant. On visualise donc au présent (avec la fille) ce qui s'est déroulé dans le passé (avec la mère).

Sur le modèle de *Slaughterhouse Five* (George Roy Hill, 1972), beaucoup de films se promènent entre le présent, le passé et le futur, mais toujours en démêlant les registres. Ce sera une des particularités du cinéma moderne, chez Resnais ou Fellini, de présenter le présent et le passé, l'imaginaire et la réalité, exactement de la même façon, cela pour exprimer le déroulement d'une conscience intérieure. Dans le cinéma classique, le flash-back et le *flash forward* restent habituellement identifiés comme tels.

Le cinéma manipule aussi la durée par des trucages (le ralenti ou l'accéléré), par différentes focales (un mouvement dans l'image semble plus lent au téléobjectif qu'au grand angulaire), par le choix des plans (un gros plan semble durer moins longtemps qu'un plan général), et de façon encore plus significative par les ellipses (particulièrement invisibles dans un montage alterné), par les plans de coupe (qui servent aussi bien à étirer qu'à rétrécir le temps) et par le découpage en plan par plan contre le tournage en plan-séquence.

Ellipses et plans de coupe

Une **ellipse** consiste à supprimer des éléments secondaires de l'action pour ne conserver que les temps forts, bien sûr dans les limites de la compréhension. Il s'agit de laisser tomber tout ce qui s'avère anecdotique par rapport au récit. Si un personnage quitte son travail pour se rendre chez lui et que le trajet n'a aucune importance, il ouvrira la porte de son atelier et nous raccorderons sur la porte de son appartement en train de se fermer, alors qu'il est rendu à destination. Ou nous passerons tout simplement d'un endroit à l'autre. Ce saut narratif reste possible grâce à la complicité du spectateur.

Dans *Harold and Maude* (Hal Ashby, 1972), Harold contourne le corbillard que conduit Maude, pour prendre sa place au volant, il ouvre la portière… et la dame sort du côté du passager puisqu'ils sont rendus à destination. Dans *Péril en la demeure* (Michel Deville, 1985), le personnage prend une douche, tend la main vers le robinet… pour appuyer sur la sonnette des voisins, car il est déjà arrivé à son rendez-vous. L'ellipse peut se réduire à un raccord aussi bien sonore que visuel. Dans le même film, le personnage répond au téléphone : « Salut papa ! Quoi ? » et se retrouve en train de manger chez son père qui continue : « Oui, ta mère revient… »

L'ellipse peut avoir une fonction dramatique. Dans *Funny Games* (Michael Haneke, 1997), quand les criminels forcent la femme à se déshabiller, la caméra ne regarde que le visage en larmes. Il est souvent plus efficace de ne pas montrer certaines choses (comme un meurtre) et de les suggérer (par des bruits). Ce procédé permet aussi de masquer des informations : le milieu de *Midnight Express* (Alan Parker, 1978) nous cache les vraies raisons de l'emprisonnement de Billy Hayes en montrant la scène du procès, où on parle turc, sans doublage ni sous-titrage ; cette ellipse cultive plutôt le racisme qu'elle ne facilite la compréhension.

Si l'ellipse traditionnelle permet de gagner du temps, le **plan de coupe** permet au contraire de perdre la notion du temps. Dans un autobus, le plan d'une affiche ou de ce que le personnage regarde nous permet de retrouver celui-ci chez lui, n'importe où, beaucoup plus tard. Idéalement issu de l'action, le plan de coupe permet aussi de masquer une erreur de continuité. Entre le plan d'un enfant qui court et celui où il marche de l'autre côté de la rue, il suffit d'intercaler le plan d'un écriteau avec le nom de la rue pour corriger le faux raccord. Pendant que nous regardions le panneau, le personnage a pu arrêter sa course et traverser la rue.

Il y a le **plan de détail** *(cut in)*, habituellement un gros plan issu de la scène, qui accentue l'intérêt, attire l'attention et sert à mieux décrire l'action (gros plan de la blessure dans un combat de boxe). Il y a le **plan de diversion** *(cut away)*, un élément de rupture qui permet d'interrompre l'action pour la reprendre un peu plus loin : un couple s'embrasse sur un lit, un plan par la fenêtre de la lune ou des nuages et enfin le couple en train de déjeuner ! Il y a aussi le **plan de réaction** *(reaction shot)*, celui qui intercale le comportement d'un témoin et qui détermine par cet intermédiaire la réaction à créer chez le spectateur.

Le plan de coupe est donc une transition qui permet des raccourcis. Il serait inutile de filmer au complet la scène d'un homme qui monte au troisième étage par l'escalier. Nous pourrions montrer l'homme (de dos) qui monte les premières marches et puis l'homme (de face) montant les dernières marches. En intercalant bien sûr des images de la rampe, d'un locataire qui passe ou des numéros d'étage, pour permettre à l'homme de continuer à monter l'escalier pendant les plans de coupe. Il suffit du plan d'un itinérant sur le palier ou de l'homme regardant sa montre pour faire oublier le temps réel et suggérer des durées variables.

Autre possibilité : dans le premier plan, l'homme monte les premières marches (de dos) et la caméra reste là quelques secondes alors que l'homme est disparu. Dans le second plan, la caméra filme le haut de l'escalier, puis l'homme qui monte les dernières marches. Les images vides, avant et après l'action, servent de plans de coupe. Ou encore, le premier plan nous montre l'homme montant les premières marches... et le second plan nous présente la femme chez qui il se rend : elle est en train de faire un paquet, elle entend frapper à la porte et va ouvrir. Pendant que nous regardions ce qu'elle faisait (plan de coupe), nous avons oublié le visiteur, ce qui a permis à ce dernier de monter l'escalier.

Cet exemple très simple, pour les besoins de la démonstration, présente deux espaces disjoints mais reliés. Nous pourrions montrer l'homme qui arrive devant l'immeuble, et dans le plan suivant, l'homme entrant dans l'appartement du troisième. Lorsque le passage entre deux plans marque une très petite ellipse temporelle justifiée par le déplacement d'un personnage, nous pouvons passer d'un plan à un autre par une coupe franche. Par ailleurs nous pouvons rétrécir ou étirer le déplacement d'un personnage en ajoutant un seul ou plusieurs plans de coupe.

Cela peut même se faire par un simple changement de plan. Prenons l'exemple d'un couple dans la rue qui s'avance vers la caméra; en contrechamp, il s'éloigne de la caméra. Si nous coupons le premier plan alors que les deux personnages sont en train de marcher et que nous les retrouvons en train de marcher dans le second plan, nous accélérons le tempo de la scène. Si nous les laissons sortir du premier plan tout en continuant de filmer encore un peu, et que nous commençons le second plan un peu avant qu'ils apparaissent, nous étirons la durée de la scène.

Un personnage qui monte à cheval dans un plan et qui se retrouve au galop dans le plan suivant n'aura pas parcouru la même distance (et le temps écoulé sera différent) selon qu'il est proche ou loin dans chacune des images, selon qu'il sort ou non du premier plan et qu'il est ou non déjà dans le suivant, selon la vitesse du cheval dans chacun des plans, selon qu'il est accompagné ou non d'un mouvement de caméra. Et la durée de chacun des plans prendra ici tout son sens. C'est d'ailleurs ce type d'exercice qui permet de comprendre le rythme filmique.

Dans une scène de poursuite, l'alternance des plans permet d'accélérer le déroulement du temps en pratiquant des ellipses invisibles. Dans *The Birds* (Alfred Hitchcock, 1963), pendant que Mélanie traverse la baie en chaloupe, Mitch file en auto sur le chemin contournant la baie pour

justement la rejoindre au quai. Chaque plan du bateau ou
de l'auto sert de plan de coupe à l'autre... et chaque fois,
nous retrouvons les personnages plus loin dans leur trajectoire. Nous voyons en trois minutes une action qui dure
probablement vingt minutes.

Couper entre deux scènes consiste moins à raccorder
qu'à créer des contrastes. Le passage d'une scène à une
autre devrait permettre de montrer un nouveau décor et
de filmer le même personnage autrement. Une auto en
train de tourner un coin de rue, vue de côté, en plan
rapproché et en plongée, devrait se retrouver plus loin sur
l'autoroute, vue de face, en plan éloigné et à angle normal.
Pour couper d'une scène où deux hommes prennent le
café à une autre où ils roulent en voiture, on terminera la
première scène par un gros plan pour commencer la suivante par un élargissement sur leur nouveau décor, ou
encore on terminera la scène par un plan général pour
ouvrir la suivante par un gros plan.

Le jeu des ellipses et des plans de coupe permet de
jouer sur le temps de façon plus intéressante que les **ponctuations**, de plus en plus délaissées. Le fondu et l'ouverture
au noir marquaient un changement d'action entre les
scènes, souvent un changement de lieu, parfois un changement de temps. Le fondu enchaîné (ou surimpression)
proposait une transition psychologique ou symbolique en
signalant un changement de temps et plus encore le passage
du réel au rêve, du présent au passé. L'iris, le volet et le
filage complétaient le catalogue des trucages qui servaient
de transitions pour conduire le spectateur par la main.

À moins qu'on ne s'en serve à des fins référentielles ou
parodiques, ces transitions ont pour ainsi dire été aban-

données au profit d'une absence de ponctuation, la coupe franche. Cette substitution d'un plan à un autre n'a pas de signification en elle-même et correspond à un simple changement de point de vue. D'ailleurs les ponctuations comme l'accéléré, le ralenti, le flou, l'image figée, la distorsion sonore ou visuelle, restent des effets particuliers au vidéoclip. Le cinéma classique préfère préserver l'impression de réalité (par les raccords).

Le rythme filmique

Habituellement, on affirme qu'une suite de plans courts crée un rythme dynamique tandis qu'une suite de plans longs engendre un rythme solennel. Il est certain que la cadence crée un certain rythme. Supposons dans un montage alterné, sous le même angle, une voiture noire poursuivie à la même allure par une voiture blanche. Si les plans de la voiture blanche sont de plus en plus courts, nous aurons l'impression qu'elle rattrape la voiture noire. Si au contraire les plans de la voiture noire sont de plus en plus courts, nous aurons l'impression qu'elle échappe à la voiture blanche. Au lieu d'augmenter la vitesse réelle d'une voiture, on en raccourcit progressivement les plans.

Nous pouvons en déduire une règle très simple. Pour mieux dramatiser une scène ou du moins créer de l'excitation, on se rapproche de plus en plus du sujet (vers les gros plans) pour augmenter l'impression d'intensité, et on accélère la cadence (par des plans de plus en plus courts) pour laisser croire qu'il se passe plus de choses dans le même laps de temps. Le contraire est aussi possible. Dans *High Noon* (Fred Zinnemann, 1952), dont la durée correspond en principe à celle de l'action, l'heure d'attente est exprimée par des scènes très longues constituées de plans très courts (la gare, l'horloge, le shérif) tous identiques dans leur durée ($2^1/2$ secondes).

Mais si le rythme est déterminé par le temps nécessaire pour saisir le contenu d'une scène, il est aussi déterminé par le degré d'intérêt suscité chez le spectateur. Tandis que le montage établit des relations de durée entre les plans, le rythme établit des relations d'intensité entre ces plans. En effet, un plan à l'intérieur duquel il y a un mouvement dramatique (un personnage qui se déplace) paraît moins long qu'un plan de même durée où le sujet filmé demeure statique. Un plan d'ensemble, parce qu'il suppose un certain temps pour être lu, pourrait donner l'impression d'avoir une durée équivalente à celle d'un gros plan pourtant plus court. Par ailleurs, un gros plan, dont la taille visualise une intensité dramatique, accentuera d'autant plus son effet de choc qu'il durera moins longtemps.

Jean Mitry a expliqué que le rythme dépend moins de la durée réelle que de l'impression de durée. À longueur égale, un ensemble dynamique semble plus court qu'un ensemble statique, et cet ensemble statique semble plus court qu'un premier plan statique mais plus long qu'un premier plan dynamique. À l'inverse, pour donner l'impression d'une durée équivalente, il faudra couper différemment un ensemble dynamique (par exemple 20 secondes), un premier plan dynamique (14 s), un ensemble statique (10 s), un premier plan statique (6 s)[1].

---

1. Jean MITRY, *Esthétique et Psychologie du cinéma*, Paris, Éd. Universitaires, 1963 (tome 1) p. 352.

Il ne suffit donc pas d'envisager la longueur des plans mais aussi leur façon de présenter les choses. L'alternance entre deux actions simultanées par des plans de plus en plus courts et rapprochés ne signifie pas la même chose que la présentation de ces actions simultanées dans un même plan-séquence, général et long. Le découpage analytique n'a pas la même nécessité dramatique que le tournage en continuité. Et pour comprendre la différence entre la vision fragmentée et la vision globale, il faut faire un détour par la théorie.

Plan-séquence et plan par plan

En 1921, Poudovkine et Koulechov ont monté une scène particulière : le plan d'une assiette pleine de nourriture précédé de celui du comédien Mosjoukine, le plan d'un homme mort étendu par terre précédé du même plan de Mosjoukine, et le plan d'une femme couchée, le dos dénudé, toujours précédé de Mosjoukine regardant dans le vide. Et les spectateurs ont prêté au comédien le talent d'exprimer tantôt l'appétit, tantôt la gravité, ou encore le désir... Pourtant il s'agissait du même plan neutre, ce qui est vérifiable dans les photogrammes enfin retrouvés[2].

En prouvant que, selon le contexte, on pouvait faire exprimer n'importe quoi à n'importe qui, l'effet Koulechov soulevait la possibilité de conditionner le spectateur. Il supposait que le montage en plan par plan était une technique d'asservissement psychologique en ce sens qu'il

---

2. Philippe DURAND, *L'Acteur et la Caméra*, Paris, Éd. Techniques Européennes, 1974, p. 21.

nous indique quoi regarder, qu'il contrôle notre perception, qu'il oriente notre façon de penser. Contentons-nous d'admettre pour l'instant qu'il prouvait surtout la logique d'implication, principe par lequel l'image devient langage.

L'école soviétique a expérimenté la fragmentation en plan par plan, pour dégager que la signification d'une scène dépend moins du contenu des images que de leur organisation. Dans *Le Cuirassé Potemkine* (S.M. Eisenstein, 1925), les mutins jettent par-dessus bord un officier dont le lorgnon reste accroché dans les cordages et se balance en gros plan. Ce plan signifierait plus que ce qu'il montre, à savoir l'échec de celui qu'il représente et même la chute de la bourgeoisie tsariste. La scène n'aurait pas à reproduire ou à représenter la réalité, mais plutôt à l'interpréter, à l'utiliser pour élaborer des métaphores, des symboles (et articuler un certain discours idéologique).

Cette vision fragmentée focalise l'attention du spectateur sur une signification particulière, crée des associations d'idées et des significations univoques en même temps qu'elle impose une interprétation de l'événement représenté. Dans les années 1940-1950, André Bazin dénonce ce montage en plan par plan comme une manipulation qui force le réel à prendre un certain sens et permet au cinéaste d'imposer ses significations. Il oppose aux expériences soviétiques le néoréalisme italien et le cinéma américain, surtout les films de William Wyler et d'Orson Welles.

Bazin propose plutôt une vision globale, respectueuse de la réalité et de la liberté du spectateur. Entre autres exemples, il prend la scène de l'empoisonnement de Susan dans *Citizen Kane* (Orson Welles, 1941). La chambre est vue de derrière la table de nuit, avec en avant-plan, un verre, une cuillère et un tube de comprimés ouvert. Au milieu, dans l'ombre, le lit où râle Susan, et en arrière-plan, la porte que Kane essaie d'ouvrir. Cette profondeur de champ n'implique pas l'idée du suicide en découpant le verre dans un seul plan, mais structure l'information dans la mise en scène et le verre témoignerait naturellement de l'empoisonnement, par simple coïncidence.

Le tournage en continuité, c'est celui qui se fait en plan-séquence avec profondeur de champ et mouvement de caméra (ou des personnages). C'est de cette façon que le cinéaste respectera la durée réelle et donnera l'illusion d'assister à des événements se déroulant sur l'écran comme dans la réalité quotidienne. Par la vision globale, il met tout ce qu'il filme sur un pied d'égalité au lieu de forcer la réalité à prendre un sens par la fragmentation des images. Le plan-séquence respecte l'ambivalence ou la densité des événements, il laisse les images révéler les relations profondes entre les choses, et les significations se dégager d'elles-mêmes. Comme l'acteur est intégré à son décor, le spectateur se retrouve dans les vraies conditions de la perception et collabore à la création filmique.

En plus de confondre les termes «réalité» et «impression de réalité», Bazin oubliait que la profondeur de champ constitue un montage interne, une hiérarchisation des éléments dans la composition visuelle. La signification s'établit dans l'espace plutôt que dans la durée car elle dépend d'une situation privilégiée accordée au personnage ou à l'objet dans la mise en cadre. Que deux éléments mis en relation soient juxtaposés dans des plans successifs ou co-présents dans le même plan, il y a toujours montage.

Il ne s'agit pas de renvoyer dos à dos les deux théories mais plutôt de comprendre que les intentions ne sont pas les mêmes, que la façon de présenter les choses leur donne un sens particulier. En alternant d'un personnage à l'autre, nous nous identifions à l'un ou à l'autre, nous ressentons les sentiments du personnage choisi, nous sommes avec lui. Quand les personnages sont présentés dans le même plan général, nous nous déplaçons parmi eux, nous les observons avec un certain détachement, nous sommes attentifs à ce qui se passe. D'ailleurs le cinéma classique a intégré les deux types de montage.

Quand il s'agit de solliciter surtout la participation émotive du spectateur, donc de privilégier la tension et la dramatisation (particulièrement dans les scènes d'action), on a tendance à pratiquer le montage discontinu ou analytique. On découpe la scène en plusieurs plans, on multiplie les champs et les contrechamps, on met en pratique les règles de l'alternance, avec des plans de plus en plus courts et de plus en plus rapprochés, *ce qui suggère un temps plus court que le temps réel.*

Quand il s'agit de solliciter l'attention et le jugement du spectateur, donc de privilégier la durée psychologique et la continuité du récit (particulièrement dans les scènes descriptives), on a tendance à pratiquer le montage continu. On tourne la scène en continuité, en plan-séquence pour respecter la durée réelle, en profondeur de champ pour être fidèle à l'espace et avec une caméra mobile pour suivre les déplacements des personnages, *ce qui suggère un temps plus long que le temps réel.*

Tableau récapitulatif

Déterminismes techniques	
1- Pellicule et formats	différentes qualités de l'image
2- Objectifs et zoom	déformations de la perspective
3- Lumière et couleur	impression de réalité ou esthétisme
Découpage de l'espace	
4- Cadrage et composition	avant / milieu / arrière ou hors champ par position / rapprochement / séparation
5- Échelle des plans et angles de prise de vue	de situation / de relation / d'intimité normal / plongée / contre-plongée
6- Profondeur de champ et mouvements de caméra	plusieurs plans montés dans l'axe panoramique / travelling / trajectoire
Continuité visuelle	
7- Variations de plans et alternance des plans	refus du découpage dans l'axe changement d'angle d'au moins 30°
8- Champ-contrechamp et plans subjectifs	respect de l'axe imaginaire de 180° plans externes / internes / sur l'axe
9- Raccords visuels et déplacement des plans	de regards / mouvement / direction entrées et sorties des personnages
Articulation du temps	
10- Plans de coupe et ellipses	plan de détail / diversion / réaction entre les plans / entre les scènes
11- Flash-back/forward et ponctuations	interventions dans la chronologie coupe franche / fondu / trucages
12- Plan-séquence et plan par plan	tournage en continuité (dans la durée) découpage discontinu (dans l'espace)

CHAPITRE 5

LES FONCTIONS DES PERSONNAGES

> *On ne s'identifie pas impunément*
> *à son adversaire, l'identification laisse des traces,*
> *elle fait de vous votre propre adversaire.*
>
> BERTOLT BRECHT

L A SÉMIOTIQUE NARRATIVE a expliqué qu'on racontait toujours la même histoire, celle de l'affrontement du désir et de la loi, mais sous des apparences et avec des péripéties différentes. Vladimir Propp a d'abord répertorié dans les contes et les légendes 31 fonctions narratives (situations) et sept sphères d'action (rôles). Ces situations, qu'il s'agisse du héros qui subit une épreuve, reçoit un objet magique ou affronte un agresseur, sont regroupées autour de certains rôles, celui du personnage recherché, du donateur, de l'auxiliaire, etc.

Claude Brémond raffine la théorie en donnant plus de liberté aux personnages grâce à de continuelles alternatives choisies par le narrateur. Roland Barthes améliore la compréhension de la syntaxe du récit en dégageant des indices informatifs ou caractériels, c'est-à-dire des descriptions qui permettent de créer une atmosphère ou d'enrichir la psychologie des personnages. Puis A. Greimas systématise le schéma événementiel en le ramenant à vingt situations et six rôles, ou six actants, qui sont le destinateur et le destinataire, le sujet et l'objet, l'adjuvant et l'opposant.

Si raconter une histoire, c'est raconter la transformation d'une situation donnée en situation nouvelle, le moteur de ce projet, c'est toujours le désir d'un personnage. Pour améliorer son sort, le *sujet* de l'histoire transforme son désir en action, quitte à entrer en conflit avec d'autres. Il vise un *objet* (dans le sens d'objectif) qui sera un personnage dans le cas d'une quête amoureuse, un objet quelconque dans le cas d'une recherche de trésor, une abstraction quand il s'agit d'une quête de liberté ou de pouvoir. Le *destinateur* donne au héros (le sujet) une mission dont la réussite profitera au *destinataire*. Les deux rôles peuvent être tenus par le sujet lui-même.

Les *adjuvants* (des alliés) aident le héros dans sa quête de l'objet tandis que les *opposants* (des ennemis) lui mettent des bâtons dans les roues. Ces actants peuvent être des forces naturelles, morales ou sociales. Un même rôle actantiel peut être rempli par plusieurs personnages et un même personnage peut remplir différents rôles actantiels (même contradictoires). Il arrive qu'au fil du récit, un personnage change de rôle actantiel, que l'adversaire prenne plus d'importance ou que les rebondissements compliquent le problème initial.

Comme la situation initiale amorce le programme narratif par un méfait ou un manque, il y a instauration d'un *vouloir*. Le destinateur établit alors un contrat avec le sujet qui décide de chercher l'objet. Dans la 2e partie, les péripéties fournissent des épreuves qualifiantes qui permettent au sujet d'acquérir la compétence ou le *savoir*. L'adjuvant soutient le sujet dans sa quête alors que l'opposant entrave sa route. Dans la 4e partie, les péripéties de résolution instaurent une épreuve principale qui permet au sujet d'exercer son *pouvoir*, d'accomplir la performance. La situation finale va résoudre la quête, et il y aura alors glorification du héros, car le destinataire sanctionne l'achèvement du contrat.

Par exemple, dans *Star Wars* (George Lucas, 1977), Obi-Wan Kenobi (le destinateur) donne à Luke Skywalker (le sujet) la mission de sauver (l'objet) la princesse Leia des mains de l'Empereur. Le héros apprend de son maître spirituel les secrets de la Force, fait équipe avec les deux droïdes et Han Solo (les adjuvants) pour combattre les soldats de l'Empire et Darth Vader (les opposants). Il sauve la princesse et détruit l'Étoile noire, pour le bénéfice des Rebelles (les destinataires).

Dans *The Empire Strikes Back* (Irvin Kershner, 1980), Luke Skywalker poursuit son entraînement Jedi, sauve ses amis et affronte Darth Vader qu'il refuse de suivre au service des forces du Mal. Dans *Return of the Jedi* (Richard Marquand, 1983), Yoda lui donne la mission de tuer Darth Vader, qui est en réalité son père. Luke sauve encore ses amis et affronte Darth Vader qui finalement se sacrifie pour son fils. Le schéma actantiel est donc le même dans chaque épisode et aussi dans la trilogie.

La fonction du personnage, ou son rôle dans le déroulement du récit, lui détermine un statut particulier. Le sujet est habituellement un héros qui sera d'autant plus intéressant qu'il ne donnera pas l'impression d'exister uniquement pour le déroulement de l'intrigue. Il devra exister par lui-même, laisser croire qu'il a une histoire, un passé, et se permettre des comportements non stéréotypés, voire ambigus. Poussé par une force intérieure, le sujet est celui qui mène l'action, tandis que le complice ou le rival se contentent de modifier l'équilibre des forces.

L'adjuvant ou l'opposant, figures relativement stables, susceptibles néanmoins d'accepter des variations mineures, pourront se contenter d'un rôle de composition. Le capitaine Haddock et Obélix sont plus intéressants que Tintin et Astérix parce qu'ils restent plus humains. Et les différents films de James Bond ou de Batman ne se distinguent que par leurs personnages de méchants, souvent plus intéressants que les héros parce que moins parfaits. Mais les adjuvants et les opposants restent quand même limités par leur fonction de faire-valoir.

Le schéma actantiel de Greimas est un outil parmi d'autres. Polti, Souriau et Friedman ont aussi élaboré des schémas d'intrigues et des distributions de personnages. Le modèle le plus récent reste celui de Joseph Campbell. Il a exploré les mythes et les légendes pour finalement dégager les douze étapes du voyage de tout héros digne de ce nom : l'appel de l'aventure, la rencontre du mentor, le passage du premier seuil, etc., et les six archétypes que croise toujours le héros : le messager, l'ombre, le gardien du seuil, etc. Christopher Vogler et par la suite Stuart Voytella ont appliqué de façon systématique le schéma de Campbell aux films hollywoodiens.

Les fonctions de Propp ou de Campbell permettent des jeux de cartes comme *Le Tarot des mille et un contes*. À l'instar des jeux de rôles et des jeux vidéo, le cinéma de consommation courante se contente de personnages simplistes, modifiables à partir d'un catalogue d'attributs. Chaque genre a ses types et ses stéréotypes. Et le stéréotype se contente d'une caractérisation extérieure. Cela se vérifie dans *Le Bal* (Ettore Scola, 1983), où la vingtaine de comédiens créent près de 140 personnages, sans aucune parole, uniquement par des comportements quasi caricaturaux.

Le personnage et son contexte

Si la fonction de héros peut suffire à rendre compte d'une épopée ou d'un film d'aventures, la notion de personnage devient nécessaire dans un drame psychologique ou un film réaliste. Contrairement au stéréotype qui se réduit à quelques traits de caractère, le personnage se définit par sa façon de penser et il aura des attributs contradictoires qui lui permettront d'évoluer. Il aura surtout droit à une caractérisation intérieure. C'est la dimension psychologique d'un personnage qui permet l'identification du spectateur. Et l'acteur pourra nourrir le personnage.

Les valeurs incarnées par un personnage sont dépendantes du contexte. Raconter une histoire, c'est régler dans l'imaginaire des contradictions qui s'expriment en termes binaires : la nature et la culture, l'autorité et la dissidence, la richesse et la pauvreté. Donc, ce qui menace ou garantit l'équilibre social, la façon de proposer le *statu quo* ou de briser l'équilibre initial, ou encore le point de vue adopté, relèvent d'une conception politique ou idéologique. En suscitant l'identification, le personnage principal est destiné à faire adhérer le spectateur à un système de valeurs.

Dans *Jaws* (Steven Spielberg, 1975), le village d'Amity (le destinateur) donne la mission au représentant de l'ordre, Brody (le sujet), d'assurer la paix et l'ordre par la mort du requin (l'objet). Aidé par Matt qui représente la science ou la technique, et par Quint, qui représente la tradition ou l'expérience (mais qui ne seront pas à la hauteur ni l'un ni l'autre), le shérif Brody devra lutter comme au bon vieux temps... contre sa femme qui préfère la sécurité familiale et contre le maire prêt à tout pour de l'argent. Et finalement notre cow-boy viendra à bout du requin, avec un fusil, et cela le jour de l'anniversaire de l'indépendance des États-Unis.

Comme le tueur en série ou la catastrophe naturelle, le requin n'est pas du tout l'opposant mais seulement celui qui permet au spectateur de départager les bons des méchants. La répartition des rôles est pratiquement toujours la même ; l'intérêt, c'est de trouver les *valeurs* qui mobilisent les personnages. Le sujet n'est pas nécessairement le bon intégral dans la mesure où on exagère souvent la personnalité des antagonistes (bons vs méchants) pour que le sujet reste un personnage intermédiaire, ni complètement bon, ni complètement méchant.

Il se retrouve médiateur dans l'éternel conflit entre la loi et le désir, entre l'ordre et le désordre. Devenu arbitre, le héros participe alors aux deux clans : ex-policier, il a des principes comme les bons, mais il est devenu aussi violent que les méchants. Comme dans la série *Mad Max* de George Miller. Personnage ambigu, équivoque, il peut même être porteur d'un débat intérieur, comme par exemple dans *Unforgiven* (Clint Eastwood, 1992) ou *Bad Lieutenant* (Abel Ferrara, 1992).

Très souvent, on dédouble sa fonction en personnages contradictoires, en duo de contrastes (le « buddy system »). Dans *L'Emmerdeur* (Édouard Molinaro, 1973), le tueur professionnel et le suicidaire maladroit se définissent l'un contre l'autre. Dans cette complémentarité des stéréotypes, les policiers les plus différents font souvent équipe, comme dans la série *Les Ripoux* de Claude Zidi ou la série *Lethal Weapon* de Richard Donner. Par ailleurs, la comédie sentimentale multiplie les couples de milieux sociaux hétérogènes, comme *You've Got Mail* (Nora Ephron, 1998).

Le personnage peut aussi être un révélateur. Dans *Being There* (Hal Ashby, 1979) et dans *Zelig* (Woody Allen, 1983), le héros est un naïf qui oblige le spectateur à réfléchir sur la bêtise des institutions. Dans *Forrest Gump* (Robert Zemeckis, 1994), le demeuré traverse trente ans d'histoire des États-Unis comme si les traumatismes du passé n'avaient aucune importance. Sa fonction est de nous faire croire à la réconciliation nationale, donc de nous faire rêver.

Autre exemple, *One Flew Over the Cuckoo's Nest* (Milos Forman, 1975) propose comme révélateur un cow-boy qui tente une alliance avec l'Indien contre la porte-parole de la civilisation, Mrs. Ratched. Celle-ci exerce son autorité de façon légitime, convaincue que c'est pour le bien des patients. Parce qu'il a voulu aider les autres malgré eux (et que les adjuvants se sont révélés opposants), McMurphy sera lobotomisé (ou symboliquement castré). Que l'Indien soit le seul à s'en sortir laisse croire qu'il ne faut pas s'attaquer ouvertement au système.

McMurphy se présente comme une victime innocente en laissant sous-entendre qu'une fille de quinze ans s'est laissé violer uniquement pour le plaisir de le faire emprisonner. Et le pauvre mâle sympathique se bat contre Mrs. Ratched, infirmière qui a tous les pouvoirs. Elle s'avère indigne et castratrice parce que, dans le film, toutes les femmes sont castratrices (elles distribuent les pilules, elles administrent les électrochocs) quand elles ne sont pas simplement des putains (comme celle qui guérit l'impuissance de Billy).

Les personnages proposent toujours une certaine conception de la société et il peut être utile de les regrouper. Ici, les hommes de race blanche sont tous malades (l'un est enfermé parce qu'il a peur de sa mère, l'autre parce que sa femme l'a trompé) tandis que les Noirs, tous infirmiers, maîtrisent et brutalisent les patients pour seconder les femmes qui, elles, détiennent le pouvoir absolu. Si le film propose une métaphore de la société, il faut bien admettre que celle-ci est présentée à l'envers. Nous y reviendrons dans le dernier chapitre.

Le personnage et la mise en scène

Toute histoire exige un conflit car nous en apprenons beaucoup plus sur un personnage quand il est confronté à des problèmes. Le cinéma peut élaborer des personnages complexes et intéressants, pourvu que les différents traits de caractère aient une influence quelconque sur le déroulement des événements. Le personnage pourra se permettre d'évoluer dans la mesure où le temps et les circonstances laissent place à des changements qui respectent son caractère, comme dans *Coup de torchon* (Bertrand Tavernier, 1981).

Un personnage se définit d'abord par son *apparence*, son physique, son habillement, sa démarche, ses tics, et aussi par son nom, son origine ethnique ou sociale. Il sera surtout déterminé par l'acteur qui l'interprète. Tom Hanks joue toujours des personnages politiquement corrects dans lesquels l'Américain moyen aime se reconnaître, tandis que ceux joués par Harvey Keitel restent plus ambivalents moralement, capables de violence et de repentir. Et Jodie Foster interprète toujours des femmes de caractère, intelligentes, qui inspirent le respect.

Un personnage se définit ensuite par ses *actions* dans la mesure où ce qu'il fait dépend de sa personnalité. Sa psychologie détermine ses comportements et ses gestes les plus anodins reflètent toujours son caractère. On ne se contente pas de dire qu'Untel est honnête, mais il retourne payer le journal qu'il a pris par distraction. Dans *Les Matins infidèles* (Bouvier et Beaudry, 1989), le personnage principal manifeste sa colère en renversant les poubelles d'un coup de pied... mais il exprime encore plus son caractère en revenant ramasser les déchets répandus.

Un personnage se définit par *ce qu'il dit* ou ce qu'il ne dit pas, et sa façon de le faire. Son niveau de langage et ses tournures de phrases expriment son niveau d'instruction, son statut social et économique, ses origines et son caractère. Il se définit par *ce qu'il pense* de telle ou telle chose, par ses opinions, ses émotions. Ce dont il se souvient, ce dont il a peur, ce à quoi il aspire contribuent à approfondir sa psychologie, à lui fournir une cohérence intérieure. Mais nous pouvons aussi percevoir l'évolution d'un personnage muet, comme dans *La Leçon de piano* (Jane Campion, 1993).

Un personnage se définit souvent par ses *relations* avec les autres. Le héros de la série *Rocky* se définit en grande partie par les réactions de sa femme et de son entraîneur[1]. Notre perception du personnage principal se fait facilement par contraste avec les personnages secondaires, souvent de simples faire-valoir. Dans *Speed* (Jant de Bont, 1994), le héros est défini surtout par les autres qui clament continuellement qu'il est exceptionnel. Un vrai personnage est ce qu'il devient.

Mais un personnage se définit surtout par la *mise en scène*. Celle du film *The Wild Bunch* (Sam Peckinpah, 1969) cultive l'ambiguïté et présente finalement les représentants de la loi comme plus corrompus que les bandits, qui respectent au contraire un certain code d'honneur. Et le film *Elephant Man* (David Lynch, 1980) nous dévoile le visage du monstre seulement après que nous ayons pu apprécier son raffinement et son humanité. Il arrive même que la mise en scène nous fasse croire à des personnages joués par des acteurs sans aucun talent.

Comme nous l'avons vu dans les chapitres précédents, la composition de l'image, l'échelle des plans, l'angle de prise de vue et le découpage organisent l'espace et déterminent une certaine perception. La proximité d'un personnage dans une série de champs et contrechamps, sa position privilégiée dans une profondeur de champ ou dans un plan-séquence, l'attitude des protagonistes dans les plans de réaction suscitent l'identification à ce personnage en particulier.

---

1. Paul WARREN, *Le Secret du star system américain*, Montréal, Éd. de l'Hexagone, 1989 (chap. 9).

Indépendamment de l'acteur, la mise en scène fournit un statut particulier au personnage principal. La caméra le suit et le cadre de façon à l'avantager. Il apparaît plus souvent, plus longtemps et de plus près. Les plans subjectifs lui fournissent l'intériorité, la voix off lui permet de penser et les flash-back traduisent son imaginaire. Les autres personnages se définissent souvent en fonction de lui. Il monopolise l'attention de la caméra qui focalise sur et par lui. Comme le héros est le centre de l'univers diégétique, la réalité du film reste vue et vécue à travers lui, si bien qu'il devient en quelque sorte le porte-parole du cinéaste.

Comme nous le verrons dans les chapitres suivants, raconter une histoire, c'est organiser dans l'espace et le temps une succession d'événements vécus par un personnage. La continuité dramatique reste déterminée par le caractère du personnage principal, par ses actions et leurs motivations, par ses choix et ses décisions. C'est lui qui assure l'homogénéité et la cohérence de la fiction. Le personnage principal propose donc une orientation au film et lui fournit une signification.

Bien sûr, le personnage est toujours déterminé par l'acteur qui l'incarne. Dans *The King of Comedy* (Martin Scorsese, 1983), le personnage de Rupert Pupkin rêve de célébrité instantanée sans jamais prendre conscience de son aliénation. Si le personnage avait été joué par un inconnu, cela aurait donné un autre «success story», mais le fait qu'il ait été interprété par la vedette Robert De Niro, assuré de réussir, déplace l'intérêt du film sur l'ambition vide de sens et l'arrivisme dérisoire. De plus, le jeu hystérique de l'acteur force la critique en ne cherchant pas à susciter la sympathie du spectateur.

Le cinéma commercial a détourné le récit filmique sur la vedette qui incarne le rôle principal. Le scénariste, le réalisateur, l'éclairagiste et le monteur organisent tout le dispositif filmique en fonction de celle-ci. L'interprétation du héros par une vedette s'exerce souvent au détriment des autres rôles, jusque dans la taille des noms au générique. Le héros d'un récit écrit efface beaucoup moins facilement les autres rôles. Il faut donc tenir compte de l'acteur qui incarne un personnage. Cela laisse tout un domaine à défricher dans la rhétorique du cinéma.

La participation du spectateur

En s'appuyant sur l'impression de réalité qu'il procure, le cinéma crée des mécanismes de participation qui lui permettent de substituer au monde réel un monde accordé à nos désirs. Il vise à nous « distraire » de la vie quotidienne et à nous faire vivre une vie imaginaire. Le cinéma (hollywoodien) joue sur nos besoins insatisfaits et en profite pour modeler notre vision du monde. Le plaisir et la participation affective du spectateur reposent sur l'identification et la projection, mécanismes psychologiques déclenchés ici par la mise en scène.

L'identification *primaire* dépend de la mise en scène. Le spectateur s'identifie à son propre regard. Par la représentation filmique, tout l'univers de la diégèse s'avère complètement organisé en fonction de sa vision. Le spectateur se prend pour l'œil de la caméra, il s'éprouve comme sujet privilégié. Il est le centre du film, omniscient, doué d'ubiquité. Il regarde sans être vu (l'acteur ne regarde pas la caméra), il est toujours au meilleur endroit (par la multiplication des angles de prise de vue), il circule à travers l'espace et le temps (grâce aux raccords et aux ellipses), il peut même être à la place du sujet (par la caméra subjective).

L'identification *secondaire* dépend plutôt de la structure narrative. Le spectateur se choisit un personnage dans la fiction et investit son affectivité sur lui. Ce n'est pas la sympathie qui engendre l'identification mais l'identification qui engendre la sympathie. Elle permet de trouver sympathique n'importe quel personnage, même quelqu'un pour qui nous aurions de l'aversion dans la réalité. Au début du film, on ne connaît pas encore le personnage et pourtant on joue le jeu. On peut prendre un personnage pour quelqu'un d'autre et s'identifier à lui quand même.

Contrairement au documentaire, le film de fiction permet l'identification parce qu'il y a situation de récit. On s'identifie à quelqu'un dans un film déjà commencé, et même dans une scène vue au hasard, parce que le découpage de l'espace prévoit une place privilégiée pour le spectateur, une place d'acteur. «L'effet de réalité dépend de ce que l'univers fictionnel semble surgir devant nous selon les lois du hasard, spontané comme le réel. L'effet de réel dépend de ce que le spectateur s'inscrive dans la scène projetée comme s'il participait du même espace[2].»

L'identification est un processus psychologique qui consiste à emprunter des comportements à quelqu'un qu'on considère comme un modèle. Elle s'exerce dans un univers de ressemblance et de proximité apparente avec l'univers réel du spectateur. On compense ses

---

2. AUMONT, BERGALA, MARIE et VERNET, *Esthétique du film*, Paris, Nathan, 1983, p. 107.

insatisfactions en s'attribuant l'image de réussite, de bonheur ou de célébrité véhiculée par les « success stories », les films romantiques et les messages publicitaires. Inconsciemment, nous partageons le pouvoir de nos idoles, nous empruntons des recettes de bonheur, nous suivons les modèles et les modes.

La projection est un processus psychologique qui consiste, au contraire, à détourner ses peurs sur un bouc émissaire, à incarner ses pulsions agressives dans des monstres de toutes sortes, à se défouler de ce qu'on n'ose pas faire. Mécanisme inconscient de la transgression et de l'impunité, la projection relève de l'univers de la violence, du fait divers et du morbide. Le plaisir de transgresser l'ordre et la morale par procuration doit par contre provoquer une catharsis. Cet apaisement relève d'un double mouvement : d'une part la satisfaction de nos désirs inconscients, et d'autre part le fait que le châtiment nous délivre de l'angoisse d'avoir éprouvé ces désirs.

Le cinéma permet ainsi de vivre tous les fantasmes sans aucun danger, sans que le spectateur soit pénalisé. On se défoule par le saccage et la démolition avec l'excuse du rire, on se défoule par les explosions et les bombes avec l'excuse que les victimes ne méritent pas qu'on s'inquiète. Le hors-la-loi obtient son prestige du fait qu'il ose transgresser les interdits que nous n'oserions pas braver, et il devient sympathique par le contexte, en éliminant seulement des minables, des drogués, des dégénérés. Tout lui est permis dans la mesure où il ne menace pas la sécurité idéologique du public.

Il peut ridiculiser des policiers, battre des femmes, et même tuer... pourvu qu'il n'attaque pas des gens sans défense, ce qui est strictement réservé aux brutes. On l'excuse parce qu'il défend une juste cause contre un pouvoir corrompu, ou parce qu'il se bat pour préserver le bien le plus cher : la liberté ! Nous sympathisons toujours avec le fugitif et nous donnons toujours raison au prisonnier, quel que soit le motif de son incarcération. La mise en scène s'arrange pour que les autres soient des Arabes sadiques, des flics corrompus ou des victimes anonymes.

Par l'identification et la projection, le spectateur se donne l'illusion d'agir, d'être séduisant ou puissant, et d'accomplir ce qu'il n'aurait jamais osé faire. Il extériorise ses intentions ou ses envies, et sa participation affective l'amène à partager la conduite du récit. Celle-ci prend toujours soin d'installer le sujet-personnage au centre d'un univers organisé en fonction de lui, et la mise en scène permet justement au spectateur de s'identifier au héros, donc d'être en quelque sorte acteur. Il contrôle tout ce qui se passe à l'écran, maître pour un temps de l'univers... fictionnel.

Le spectateur en arrive donc à endosser les valeurs proposées par le personnage et la transparence du langage correspond à la transparence de l'idéologie. Ce qu'on nous propose comme modèle de comportement semble aussi normal que la façon de raconter le monde. Il faut interroger le langage pour remarquer le discours, ou briser la fascination pour comprendre la mécanique. L'impression de réalité reste l'outil le plus extraordinaire pour laisser croire que la conception hollywoodienne du monde est vraie, naturelle et universelle. Comme si elle n'était pas idéologique, au service du «façonnement industriel des esprits».

CHAPITRE 6

LES MONTAGE DES SCÈNES

> *Il se constitue une rhétorique qui se répète de*
> *film en film, indépendamment même de ce qu'on dit.*
> *À la rigueur, dans ces produits destinés à être*
> *consommés en permanence, n'importe quelle*
> *séquence de n'importe quel film d'une période*
> *donnée pourrait être montée à la suite de n'importe*
> *quelle autre. On fait une image ressemblante*
> *pour faire croire que le monde ressemble à cette image.*
>
> YOUSSEF ISHAGHPOUR

NOUS AVONS VU que le choix de tourner en plan par plan privilégie la dramatisation, celui de tourner en profondeur de champ visc à respecter la durée psychologique, tandis que les mouvements de caméra permettent souvent des effets de surprise. Même l'ordre de présentation des plans détermine la participation du spectateur : dans la scène où un personnage rentre chez lui tandis qu'un autre fouille dans l'appartement, nous nous inquiéterons pour la victime si elle est présentée en premier, pour le voleur si les plans sont dans l'ordre inverse.

Apprendre le découpage des plans, c'est donc apprendre à reconstituer ou à monter une scène. Du point de vue de la dramaturgie, une **scène** est un événement significatif se déroulant dans un même décor et impliquant un ou plusieurs personnages. Elle respecte en quelque sorte l'unité d'action, de lieu et de temps. Du point de vue de la production, c'est une unité d'action complète qu'il serait possible à la rigueur de tourner en un seul plan. On parle de la scène du duel, de la scène de l'escalier, de la scène finale. D'ailleurs un plan-séquence n'est rien d'autre qu'une scène tournée en un seul plan, en continuité.

Habituellement complète pour ce qui est de l'espace et du temps, une scène reste ouverte en ce qui concerne la causalité. Elle se termine par la résolution de certains problèmes mais par la suspension de certains choix, pour permettre d'emboîter la scène suivante. Plusieurs scènes constituent une **séquence**, unité dramatique qui expose, développe et résout une action. La séquence englobe donc plusieurs épisodes pour constituer une grande unité narrative. Regrouper les scènes en séquences permet de retracer les structures ou les grandes articulations du film.

Pour définir une scène, il faut dégager ce à quoi elle sert, ce qu'elle apporte de nouveau au déroulement de l'intrigue ou ce que le personnage y apprend. Quelle que soit sa fonction, une scène ne se termine habituellement pas avant d'avoir atteint l'objectif que lui a fixé le cinéaste. Chaque scène a une fonction plus ou moins pertinente par rapport à la ligne générale du récit. Une scène d'exposition contribuera à créer une atmosphère tandis qu'une scène de révélation ne peut pas être supprimée sans nuire à la compréhension de l'histoire.

La scène d'*action* (ou narrative) fait progresser le récit en fournissant des événements qui vont introduire ou résoudre un problème, sinon apporter des complications nouvelles. La scène de *description* (ou psychologique) peut fournir des renseignements importants sur le caractère des personnages ou révéler des informations qui contribueront au drame. La scène d'*articulation* (ou de mise en situation) indique le lieu ou l'époque, ou sert de transition entre deux séquences. Au risque de signaler la présence du cinéaste, elle peut aussi fournir une pause, un résumé (par accolade) et même s'avérer gratuite, placée là pour le plaisir.

Précisons que la scène de description peut aussi fournir des informations sans conséquence sur l'action principale. Elle s'attache alors à des comportements ou à des détails très quotidiens qui ne servent qu'à donner plus de vraisemblance aux personnages. Ou encore, elle n'a pas de signification particulière là où elle se trouve mais elle sert d'implant pour nous préparer à ce qui arrivera plus tard. Dans *Psycho* (Alfred Hitchcock, 1960), la scène des oiseaux empaillés de Norman Bates rend vraisemblable le fait qu'il saura momifier sa propre mère.

Qu'il s'agisse de raconter, de décrire ou de mettre en situation, les scènes s'arriment les unes aux autres pour constituer le récit filmique. À l'instar du découpage des scènes, le montage du film exige tout un travail d'orchestration de l'espace, et encore plus d'articulation du temps. C'est pourquoi nous proposons le découpage des scènes comme mise en abîme du montage en général. Voici quelques façons de découper les scènes, du moins les plus courantes, selon leur fonction.

Le découpage de quelques scènes courantes

La **structure en champ-contrechamp**, ou le découpage classique des scènes de dialogue, a été standardisée dans les studios hollywoodiens des années 1930-1940 à la suite de l'avènement du son, parce qu'il était compatible avec la nouvelle exigence de mettre l'accent sur les conversations. Souvent, on filme la scène au complet (en plan général) et on recommence le déroulement du dialogue pour tourner des plans particuliers (plus rapprochés) ou des plans de réaction (sous d'autres angles), donc des plans de détail qu'on intercale au montage.

Cette méthode permet de présenter de face les personnages qui parlent, ce qui s'avère plus intéressant que les montrer seulement de côté, et permet de profiter au maximum du jeu des comédiens au lieu de simplement enregistrer un dialogue. Cela permet aussi de choisir de montrer le personnage qui parle, ou encore de privilégier les réactions de l'autre, donc de mettre en relief telle ou telle partie du dialogue. La structure en champ-contrechamp désigne le personnage principal en le privilégiant par la proximité (et la durée), accentue la participation du spectateur par les plans de réaction et facilite son identification à un personnage par les plans subjectifs.

La scène commence habituellement par un plan général des personnages (qu'on appelle en anglais *master shot*) pour les situer «objectivement» dans leur décor et montrer l'espace qu'on découpera par la suite. Il s'agit d'un plan de mise en situation (ou *establishing shot*). Suivent des plans de plus en plus rapprochés qui hiérarchisent les personnages et qu'on répétera selon la longueur du dialogue :

plans moyens de ceux-ci en profondeur de champ (champs-contrechamps externes) ; plans rapprochés de chacun des deux personnages (champs-contrechamps internes) ; gros plans de chacun (presque sur l'axe). Et finalement, retour au plan général du début, celui qui a fourni la mise en situation et qui fournit maintenant la conclusion de la scène (*restablishing shot*). (**Voir les figures 2 à 7**).

En définitive, on a en quelque sorte découpé le « master » pour mieux détailler les personnages et les dialogues. On a d'abord établi une scène à l'italienne pour ensuite se rapprocher et faire participer le spectateur. On se rapproche en évitant le découpage dans l'axe par l'alternance des champs-contrechamps et on accentue la proximité des plans jusqu'à ce que soit prononcée la phrase-clé. Comme ce sont les dialogues qui décident de l'ordre, de l'angle, de la durée des plans, le découpage est pour ainsi dire fait par le dialoguiste. Quand la scène est trop longue, ou que les personnages se déplacent l'un par rapport à l'autre, on réutilise le « master ». Et l'élargissement final permet de passer plus facilement à la scène suivante.

Dans *The Maltese Falcon* (John Huston, 1941), la scène d'ouverture est un modèle de découpage classique. Sam Spade reçoit Mme O'Shaughnessy dans son bureau. Le détective est toujours à droite et la cliente toujours à gauche dans les plans tournés par-dessus l'épaule, et il regarde vers la gauche tandis qu'elle regarde vers la droite dans les plans qui les isolent. Interrompue par l'arrivée d'Archer qui vient s'asseoir près de Sam, la conversation reprend selon la même alternance, jusqu'à ce que la scène se termine comme elle avait commencé, par un panoramique. Les changements de plans passent inaperçus parce que justifiés par les gestes, les mouvements, les regards et les dialogues des personnages.

La scène du duel final dans *Le Bon, la Brute et le Truand* (Sergio Leone, 1966) est aussi un modèle en ce qui concerne le respect de l'axe et le jeu des raccords. Le plan d'ensemble détermine la position de chacun : se faisant face dans un cercle, la Brute et le Truand sont placés de part et d'autre du Bon. Les trois adversaires sont successivement cadrés en plans américains, situés les uns par rapport aux autres par des raccords de regards de plus en plus courts et rapprochés. Le Truand, puis la Brute fixent alternativement les deux autres tandis que le Bon ne fixe que la Brute. Et il tue celui-ci sans se préoccuper du Truand, dont il avait déchargé le revolver.

La **structure par alternance**, ou le découpage classique des scènes de poursuite, s'avère un élargissement de la structure précédente. La présentation de certains personnages (ou de certaines situations) par alternance exige, elle aussi, un plan général de mise en situation et un plan général de conclusion ou de rappel. En effet il faut situer visuellement, physiquement, les personnages les uns par rapport aux autres. Par contre l'alternance permet, quand on passe d'un espace ou d'un personnage à un autre, d'escamoter des parties de l'action, de pratiquer des ellipses invisibles et ainsi de manipuler le temps.

L'alternance entre une voiture qui roule vers la droite et un cycliste qui roule vers la gauche suggère un éventuel accident ou du moins une rencontre quelconque. Comme dans un champ-contrechamp, le passage d'un personnage à un autre permet de privilégier (par la proximité et la durée) celui auquel on veut que le spectateur s'identifie. Là aussi les plans seront de plus en plus rapprochés, donc ressentis comme plus intenses, et surtout de plus en plus courts pour faire croire qu'il se passe plus de choses dans le même laps de temps. Tout en conservant le sens de la direction, la variation des plans et des angles permet d'accroître l'intérêt dramatique.

Dans une scène de poursuite, l'alternance permet de contrôler l'impact souhaité, d'anticiper la chance ou la malchance des protagonistes selon qu'ils s'éloignent ou se rapprochent l'un de l'autre. Des éléments de décor peuvent servir d'indices pour faire comprendre que le poursuivant se rapproche ou perd du terrain, surtout que n'importe quoi peut servir de plan de diversion pour corriger une erreur de direction, masquer un faux raccord ou commenter l'action. Chacune des deux actions doit avoir progressé également pendant qu'on regardait l'autre : un personnage ne peut pas avoir traversé la ville pendant que l'autre a tout juste eu le temps de traverser la rue.

Dans *The Silence of the Lambs* (Jonathan Demme, 1990), Clarice obtient une adresse la rapprochant de « Buffalo Bill », le tueur qui écorche ses victimes. À la suite du plan d'une maison, une scène (principale) entre le psychopathe et sa proie dans la cave se déroule en parallèle avec la scène (secondaire) des préparatifs d'un escadron de la police pour envahir la maison. Pendant que le tueur fou va ouvrir la porte à Clarice, les policiers surgissent dans une maison vide. Ils se sont trompés d'adresse, alors que la pauvre stagiaire se retrouve seule avec le maniaque.

Un modèle intéressant par sa complexité reste celui de l'attentat à l'Albert Hall dans *The Man Who Knew Too*

Much (Alfred Hitchcock, 1956). Nous alternons entre James Stewart cherchant à repérer le tireur, celui-ci se préparant dans une loge à tirer pendant l'unique coup de cymbales du concert, le cymbalier attendant le moment de jouer, le premier ministre écoutant le concert sans savoir qu'il est en danger, et enfin Doris Day surveillant la situation de l'entrée de la salle. Selon la logique du suspense, les plans concernant la menace sont étirés tandis que les plans où l'on aperçoit ceux qui veulent empêcher l'attentat sont de plus en plus courts.

La **structure en parallèle** propose une comparaison entre deux actions simultanées mais se déroulant dans des endroits différents et qui peuvent converger après un certain temps. Le montage parallèle est toujours constitué de deux trames narratives complètes en elles-mêmes, avec chacune leur propre arrangement de plans. Il y a toujours une action principale, plutôt élaborée, et une action secondaire, plutôt condensée, qui s'insèrent l'une dans l'autre.

Au début du parallélisme, l'action principale doit disposer du temps nécessaire pour s'instaurer comme telle, quitte à devenir épisodique au fur et à mesure que la convergence entre les deux actions s'effectue. Habituellement les épisodes de l'action principale se déroulent différemment de ceux de l'action secondaire. Par exemple, chaque épisode de l'action principale peut se terminer par un plan général ou moyen alors que ceux de l'action secondaire peuvent débuter par un plan rapproché ou un gros plan. Les différences de composition visuelle permettront au spectateur de saisir qu'il vient de passer d'une action à l'autre.

Non seulement chaque action se déroulera dans des plans de plus en plus courts et de plus en plus rapprochés au fur et à mesure que le point de convergence approchera, mais le passage d'une action à l'autre permettra aussi d'accélérer le passage du temps, puisque le retour à l'action précédente permet de la reprendre un peu plus loin. Selon que l'on condense une action et qu'on élabore un peu plus l'autre, selon la distribution et la juxtaposition des deux sujets, on en arrive à commenter une action par l'autre et à privilégier un point de vue, donc à manipuler l'attention du spectateur et à contrôler la signification de ce qu'il voit.

Dans le film *Rocking Silver* (Erik Clausen, 1983), le chanteur se venge en couchant avec la femme de son imprésario pendant que celui-ci prend soin de sa BMW dans un lave-auto, et les étapes de la scène d'alcôve correspondent à celles de l'entretien de la bagnole. Dans *Bram Stoker's Dracula* (F.F. Coppola, 1992), le mariage de Jonathan et Mina est monté en parallèle avec le meurtre de Lucy par le comte. Le meurtre devient donc une conséquence du mariage, c'est-à-dire une vengeance motivée par la jalousie, ce qui n'aurait pas été aussi clair si les deux événements avaient été montés successivement.

Dans *The Godfather* (Francis Ford Coppola, 1971), nous alternons entre la scène du baptême où Michael Corleone jure de renoncer à Satan et à ses œuvres (comme parrain de l'enfant) et les plans montrant ses hommes de main assassinant ses rivaux un par un (car il est aussi le parrain de la mafia). Pour fournir des rapprochements ou des significations plus élaborées, le parallélisme a souvent besoin de s'échelonner sur plusieurs scènes, ce qui relève plutôt du montage général (que nous verrons au chapitre 8).

La **structure par exposition lente** consiste à fournir des images d'abord mystérieuses, confuses ou sans importance, qui se complètent ou se contredisent, pour en arriver graduellement à fournir une signification particulière. Par exemple, plusieurs plans rapprochés montrent des gens silencieux qui attendent à la gare, puis un mouvement de caméra nous révèle la présence de soldats nazis qui les surveillent, ce qui change le sens des images initiales, ou du moins leur en donne un.

Habituellement, on commence par une série de gros plans pour révéler graduellement le contexte ou élargir la situation. Sinon, on induit volontairement le spectateur en erreur pour finalement dégager une autre signification. Cette structure contribue justement à accentuer la participation du spectateur qui s'interroge, découvre et réévalue les plans précédents, en plus de donner de l'importance aux éléments choisis et d'insister sur la signification de certains détails.

La scène d'ouverture de *Rising Sun* (Philip Kaufman, 1993) nous plonge en plein western. Puis des sous-titres et un travelling arrière nous révèlent qu'il s'agit d'images vidéo devant lesquelles un Japonais chante (en karaoké), dans ce qui semble être un club asiatique. Il observe une femme assise au bar et quand elle s'en va, il la poursuit jusqu'à l'extérieur, dans un stationnement de grande ville nord-américaine qu'un texte identifie comme étant Los Angeles. Trois plans qui se révèlent faux, pour ouvrir un film sur la manipulation des images !

Le sketch « Comme une reine » du film *Les Nouveaux Monstres* (Monicelli, Risi, Scola, 1978) est entièrement construit sur une révélation progressive. Le personnage amène sa mère visiter une auberge qui se révèle graduellement être un hospice pour vieillards, et même une prison.

En même temps, nous découvrons la lâcheté du fils, peu convaincu du bien-fondé de sa décision mais manipulé par sa femme (au téléphone), et aussi son hypocrisie puisqu'il avait prévu de laisser sa mère à cet endroit (il avait apporté la valise de cette dernière).

La **structure par leitmotiv** propose un découpage de rappel qui consiste à répéter une image-charnière à l'intérieur d'une scène. Pendant une scène de dispute entre deux amoureux sur le trottoir, les plans du chauffeur de taxi qui attend serviront de points de référence. Cette image familière fera office de pivot entre les étapes de l'action, contribuera à créer l'espace par son apparition en profondeur de champ, permettra de commenter l'action par les réactions du chauffeur de taxi et fournira la possibilité de jouer sur le temps.

La scène pourra s'articuler autour d'un élément de décor, d'un geste particulier ou d'une réplique mais habituellement on le fait autour d'un ou de plusieurs témoins qui assistent à la situation. Ces images-charnières participent au rythme de la scène, permettent de relier des plans rapprochés et des plans éloignés ou de corriger des faux raccords. Elles situent aussi la scène en question dans un contexte plus large et contribuent parfois à la participation du spectateur en organisant sa réaction en fonction de celle des témoins (quand c'est le cas).

Il y a aussi les structures par mouvements de caméra, par angles multiples, par clignotement, et d'autres. Il ne s'agit pas de les répertorier toutes mais de montrer que les structures élémentaires correspondent aux différentes articulations du montage en général. Ce qui est valable pour la scène l'est aussi pour le film en entier. Par ailleurs, cet apprentissage de la syntaxe des scènes permet de mieux les reconnaître et de dégager plus facilement leur fonction dans le récit.

Articulation des scènes

Les scénaristes connaissent tous cet exemple classique, en cinq séquences : 1) on trouve une femme assassinée ; 2) on arrête le mari ; 3) sa maîtresse le soutient pendant le procès ; 4) il est acquitté, et finalement, 5) le couple part pour l'étranger. Reste à placer la scène où la maîtresse apprend que son amant est coupable... Selon qu'elle se retrouve pendant le procès (au milieu du film) ou pendant le voyage (à la fin), la femme sera complice ou innocente victime.

C'est en visualisant la structure générale d'un film qu'on peut distinguer l'intrigue principale des intrigues secondaires, modifier ou déplacer des scènes essentielles, sinon enlever ou ajouter des scènes de soutien. Dans *Des enfants gâtés* (Bertrand Tavernier, 1977), les personnages du scénariste et du réalisateur dessinent sur le mur un organigramme, un schéma des scènes, pour mieux départager celles qui accentuent la dramatisation et celles qui s'attardent à décrire, celles qui font avancer l'action et celles qui retardent le dénouement.

Certains préfèrent le système des fiches de différentes couleurs qui correspondent chacune à un type de scène et qui fournissent un tableau de l'ensemble du film. Cela leur permet de vérifier l'ordre et la fréquence des scènes, d'évaluer l'importance de celles-ci en fonction de leur durée, d'éviter ou de cultiver les répétitions. Comme les scénaristes se préoccupent surtout de leurs personnages, ils s'en servent d'abord pour vérifier l'évolution psychologique de ceux-ci, pour mesurer leur temps d'apparition et s'assurer de la logique de leurs relations avec les autres.

Sous prétexte de mesurer la participation émotionnelle du spectateur, Ruszkowski, Durand et Rigollot ont même élaboré des filmogrammes, ces partitions qui prétendent dégager l'importance dramatique de chacune des scènes (menace ou défi, problème ou solution, échec ou victoire). Cela donne de très beaux graphiques, mais toute méthode qui vise à mesurer l'intérêt dramatique demeure subjective... Et quel que soit le modèle ou le schéma choisi, il faut être en mesure de repérer les scènes, ne serait-ce que pour vérifier leur fonction de remplissage.

Un certain cinéma se contente, en effet, d'accumuler des péripéties au détriment de la progression dramatique. Trop souvent, les histoires sont simplifiées au minimum pour permettre des scènes gratuites, entièrement au service de la musique ou des effets spéciaux. Un peu comme le photo-roman, qui démultiplie l'image des personnages sous plusieurs angles seulement pour mieux répartir leurs paroles. Dans l'art de découper les histoires en rondelles, on en arrive aux « romans dont vous êtes le héros » et aux enfilades de tableaux des jeux vidéo, qui d'ailleurs contaminent l'essentiel de la production hollywoodienne.

La qualité d'un récit dépend d'abord de sa construction dramatique. Bien sûr, la chronique et le road movie juxtaposent des scènes relativement autonomes qu'on pourrait intervertir sans nuire à la compréhension, mais qu'on se préoccupe plus des personnages que des événements ne change rien à la nécessité de créer une tension

dramatique, d'intégrer les situations dans un projet esthétique, d'adopter une position morale. Raconter une histoire, c'est exercer un regard particulier, et l'analyse d'un
film commence avec le repérage des séquences et des
scènes.

CHAPITRE 7

LE MONTAGE DE LA BANDE SONORE

Lors d'un cours qu'il donnait à des universitaires,
Kagel a essayé quinze musiques différentes sur
une même suite d'images, puis quinze suites
d'images sur une même musique.
Conclusion. ça marche toujours.

MARCEL JEAN

IL EST PLUS FACILE de discourir sur la bande-image que sur la bande-son parce qu'un plan se délimite facilement par l'espace et le temps (on ne voit qu'une seule image à la fois), tandis qu'au contraire on entend plusieurs couches sonores simultanées qui mixent parfaitement paroles, musiques et bruits. Pourtant notre perception de la bande sonore se fait en deux temps : d'abord les sons synchrones, dialogues ou bruits dont la source est visible dans le plan et qui sont versés au compte de l'image elle-même ; ensuite les sons non synchrones, musique d'accompagnement ou commentaires dont la source se situe hors cadre et qui sont versés à la périphérie de l'image, au compte de la mise en scène.

L'image commande donc une répartition des sons. Les sons synchrones sont oubliés en tant que tels car, avalés par la fiction, ils passent pour naturels. Les sons non synchrones sont plus facilement perçus car ils s'affichent comme particuliers et isolables dans leur singularité. C'est pourquoi on a beaucoup plus écrit sur la musique de film et les commentaires en voix off que sur les bruits et les dialogues de la diégèse. Si le spectateur perçoit d'abord les dialogues comme constituants principaux de l'histoire, c'est aussi parce que tous les sons se hiérarchisent à partir de la parole.

La prise de son consiste d'abord à recueillir la parole et le mixage vise à permettre l'intelligibilité des dialogues malgré tous les autres sons. En effet, seules les paroles sont montées avec l'image, sur une piste séparée (pour le doublage), quand les images ne sont pas montées en fonction du dialogue. Puis on copie les bruits un par un (car l'oreille est plus sélective que le microphone), on enregistre la musique d'accompagnement et enfin on peaufine l'ambiance sonore. Le mixage sert à fabriquer une bande-son homogène en évitant les coupures brusques, en élaborant des enchaînements, des chevauchements, des fondus sonores, jusqu'à remplir l'absence de sonorisation par le « room tone » (l'ambiance d'une pièce vide).

On pratique la continuité à tout prix, même si le rapport des sons entre eux reste moins important que le rapport entre les sons et le contenu des images. Dans les scènes de dialogue, on coupe toujours l'image avant la dernière syllabe, ce qui assure une certaine fluidité. Et dans la scène classique du petit matin (le réveil, la toilette, le déjeuner), la discontinuité du découpage sera souvent masquée par une musique ou un bulletin de nouvelles d'une durée réelle (et filmique) de 2 ou 3 minutes.

Complètement au service de l'image, la bande sonore du cinéma classique a pour fonction de contribuer au réalisme des images. D'ailleurs la distance de la prise de son correspond habituellement à celle de la prise de vue (l'intensité du son augmente pendant un zoom in visuel). Dans les années 1970, Robert Altman ose multiplier les microphones et par la suite, le système Dolby (avec plusieurs pistes) permettra de créer l'effet d'une troisième dimension sonore (rayon de 360 degrés), ce qui se vérifie dans certaines salles de cinéma avec des films comme *Le Bateau* (Wolgang Petersen, 1981) ou *Jurassic Park* (Steven Spielberg, 1993).

Paroles et musique

Nécessairement en situation, les **dialogues** de film servent surtout à faire progresser l'action, c'est du moins ce qu'on a admis inconsciemment, jusqu'à élaborer le découpage autour du champ-contrechamp. Le cinéma aime les dialogues de théâtre, ceux qui expliquent le drame ou laissent éclater les crises, mais encore plus les dialogues de comportement, ces conversations souvent anodines qui contribuent au réalisme avec leurs hésitations, leurs pauses, leurs répétitions. Ils définissent les personnages avec leur accent, leur tonalité, leur rythme.

Le découpage «intégral» des films, par exemple dans la collection «L'Avant-scène du cinéma», se réduit aux dialogues et à quelques images. Pourtant des scènes comme celle de l'agrandissement des photos dans *Blow Up*

(Antonioni, 1967) ou celle de la séduction au musée dans *Dressed to Kill* (Brian De Palma, 1980) prouvent que le cinéma peut plus facilement se passer de paroles que de bruits. Reste que les dialogues permettent de distinguer les personnages les uns des autres et que la qualité d'un dialogue se vérifie quand il ne peut être dit par un autre personnage.

Par ailleurs, on peut fabriquer de faux dialogues. En 1973, le film de kung-fu *Crush Karate* a été détourné (avec humour) par des membres de l'Internationale situationniste qui ont conçu un dialogue, des commentaires, des sous-titres... marxistes. Dans la nouvelle version, *La Dialectique peut-elle casser des briques?* les personnages s'entretuaient en s'accusant de révisionnisme ou de déviationnisme. Mais cela relève du simple canular et pousse à l'extrême la trahison du doublage.

Le commentaire en **voix off** peut se contenter de raconter l'histoire comme dans *La Gloire de mon père* et *Le Château de ma mère* (Yves Robert, 1990). Il peut aussi fournir les informations nécessaires pour comprendre un contexte, expliquer les transitions ou les étapes non présentées à l'écran, ou encore accélérer le récit. La voix off s'exerce souvent à la troisième personne, relevant d'un narrateur officiel en charge du récit. Il semble alors présenter les choses de façon objective, ce qui ne l'empêche pas de proposer un point de vue particulier.

La voix off peut aussi s'exercer à la première personne, relevant d'un personnage du film qui présente les choses de façon subjective. Ce monologue intérieur se fait aussi bien au présent qu'au passé par rapport à l'histoire. D'ailleurs, dans *Toto le héros* (Jaco Van Dormael, 1990), le personnage qui raconte est déjà mort quand le film commence. Cette voix off peut se départager entre plusieurs narrateurs. Dans *Hannah and Her Sisters* (Woody Allen, 1986), les personnages ont tous droit à leur voix interne, ce qui donne autant d'importance aux uns qu'aux autres.

La voix off à la première personne propose souvent un récit perçu à travers la conscience du narrateur, comme dans *Taxi Driver* (Martin Scorsese, 1975). Le narrateur obtient alors une certaine crédibilité puisque nous acceptons qu'il se permette d'interpréter ce que nous voyons. Il peut même créer une certaine distance par rapport aux personnages et aux situations. Dans *Badlands* (Terrence Malick, 1974), la narratrice Holly insiste sur des détails, garde le silence sur des choses importantes et raconte le meurtre de son père sans aucune émotion.

La voix off peut exercer une certaine ironie, comme dans *A Clockwork Orange* (Stanley Kubrick, 1971), où la voix d'Alex interpelle le spectateur pour l'impliquer dans son univers malsain et lui faire partager ses valeurs. Par contre, dans *Apocalypse Now* (F.F. Coppola, 1979), le héros explique en voix off l'horreur de la guerre, pour nous dispenser de la ressentir et nous indiquer comment réagir, un peu comme le commentateur d'une partie de hockey.

La voix off peut aussi relier des scènes qui, sans elle, n'auraient aucune orientation narrative. Dans *Au clair de la lune* (André Forcier, 1982), le texte en voix off semble combler les lacunes d'un récit plus ou moins articulé, tandis que dans *Léolo* (Jean-Claude Lauzon, 1992), les images se contentent d'illustrer le texte en voix off. Le premier film y gagne une dimension poétique proche du style de Réjean Ducharme et le deuxième y trouve sa fonction de psychanalyse.

Le cinéma donne d'abord à la **musique** une fonction d'accompagnement. De grandes orchestrations symphoniques ponctuent certaines situations, expriment les états d'âme sur mesure (l'amour avec les violons, la peur avec la batterie, etc.) et souvent remplissent le reste du film, jusqu'à rendre tout silence saugrenu. Découpées selon les besoins, ces partitions grandiloquentes sont fertiles en thèmes ou motifs qui balisent le cheminement du spectateur. John Williams cultive d'ailleurs cette tradition des thèmes pour caractériser les personnages des films de Lucas et de Spielberg. Cela lui a même permis de rendre un requin célèbre.

L'utilisation (très arbitraire) d'un concerto de Mozart dans *Elvira Madigan* (Bo Widerberg, 1967) et de valses des Strauss dans *2001, A Space Odyssey* (Stanley Kubrick, 1968) fournit des correspondances émotionnelles en parallèle avec le récit filmique. Et la *Neuvième Symphonie* de Beethoven finit par magnifier les crimes des délinquants dans *A Clockwork Orange* (Stanley Kubrick, 1971), de la même façon que la *Chevauchée des Walkyries* de Wagner poétise les terres (et les Vietnamiens) inondés de napalm dans *Apocalypse Now* (F.F. Coppola, 1979).

La musique de film peut situer l'époque ou le lieu de l'action, elle peut fournir des interludes et aussi pratiquer l'ironie. Dans *The Full Monty* (Peter Cattaneo, 1996), le thème musical associé à chacun des deux personnages ne distingue pas le bon et le méchant mais plutôt leur classe sociale. Dans *Amadeus* (Milos Forman, 1984), Mozart explique à Salieri comment écrire le *Requiem* au fur et à mesure qu'il le compose : la scène est donc au service de la musique en train de se faire. Et le film *Pink Floyd, the Wall* (Alan Parker, 1982) est chorégraphié et monté en fonction de chansons déjà existantes pour en illustrer le thème. Particulièrement depuis l'utilisation du jazz, du rock et de la musique électronique, la musique de film en arrive à créer un univers sonore spécifique. Elle existe de plus en plus par elle-même, refusant de passer inaperçue, quitte à distraire le spectateur. La valeur artistique d'une musique n'a rien à voir avec sa valeur dramatique. Intégrée à la bande sonore, elle ajoute une valeur expressive à l'image, au même titre que la couleur. Nécessaires, les cordes solitaires de Ry Cooder participent à la mise en scène du film *Paris, Texas* (Wim Wenders, 1984).

En définitive, le cinéma classique envisage les dialogues comme essentiels dans la mesure où ils fournissent le drame, et il limite surtout le rôle des bruits à garantir l'impression de réalité. Il considère que la voix off permet l'intériorisation et le commentaire, tandis que la musique sert souvent à créer une ambiance, en plus d'assurer une continuité à travers la fragmentation des plans. Pourtant la bande sonore se permet toutes les manipulations et toutes les figures de style.

Pour l'instant, ramenons le son à sa vraie nature, celle du montage. Si le montage visuel s'avère horizontal (les images sont successives), le montage sonore s'avère vertical (les sons sont mixés entre eux et en simultanéité avec l'image) et même latéral (parfois en parallèle avec la bande-image). La même scène avec diverses bandes sonores prendra autant de significations différentes, encore que l'accompagnement musical reste plutôt artificiel. Pour comprendre comment la bande sonore participe vraiment au montage, il faut d'abord définir ses relations avec le récit filmique.

Localisation de la source sonore

Il existe trois modes de relation entre les sons et l'image, selon qu'ils sont inscrits dans la réalité représentée, en marge ou en périphérie de ce qu'on voit, sinon carrément ailleurs. Le son synchrone appartenant à l'espace de l'histoire s'appelle son **in**. Le son synchrone relevant aussi de l'histoire mais dont la source reste extérieure au champ visuel s'appelle son **hors champ** (ou son indirect). Enfin, le son asynchrone n'ayant aucun rapport avec l'histoire elle-même, mais relevant plutôt de la mise en scène, s'appelle son **off** (les Américains l'appellent son *over*).

Le son synchrone (diégétique) **in** est un son dont la source d'émission reste repérable dans l'espace évoqué par le plan. Relevant de l'histoire, sa principale fonction est de garantir l'authenticité de la représentation puisque les paroles et les bruits synchrones correspondent exactement à ce qu'on voit. Le son synchrone enrichit l'image d'une valeur expressive (qu'elle n'aurait pas sans lui). Les dialogues et leur accent sont justement difficiles à doubler parce qu'ils font partie du personnage comme son regard, ses gestes ou ses vêtements.

Le son *in* permet aussi d'accéder à la subjectivité, aux pensées d'un personnage. Dans *All That Jazz* (Bob Fosse, 1979), nous assistons à une lecture de livret par les danseurs pour, graduellement, ne plus entendre que les bruits de Gideon, en gros plans sonores : le tapotement de ses doigts sur la table, son pied qui écrase une cigarette et sa respiration nous avertissent qu'il fait une crise cardiaque. C'est l'équivalent des images mentales. Dans *Splendor* (Ettore Scola, 1988), nous entendons les bruits du public (au passé) au-dessus de la salle de cinéma vide (au présent). C'est l'équivalent des flash-back visuels.

Le son synchrone (diégététique) **hors champ** est un son qui vient du voisinage de l'espace évoqué par le plan, même si sa source n'est pas localisable (comme les bruits d'ambiance). Relevant de l'histoire mais extérieurs au champ visuel, les sons «in mais off» contribuent aussi à l'impression de réalité. Une scène de port exige des sons ambiants comme les sirènes des bateaux, le bruit des vagues, le vent, les mouettes, les camions. En plus d'élargir l'espace visualisé, les sons «invisibles» permettent de donner du volume à l'espace hors champ et d'intensifier l'impact émotionnel sur le spectateur, surtout quand il s'agit de sons non identifiables.

Dans une scène de dialogue, le plan de celui qui écoute se trouve élargi par la voix hors champ. Le film *Un condamné à mort s'est échappé* (Robert Bresson, 1956) reste le modèle en ce qui concerne l'élargissement de l'espace visible (la cellule) par les bruits synchrones indirects et fournit même un espace psychique par tout ce que le personnage suppose d'après ce qu'il entend. En plus d'agrandir l'espace, le son hors champ peut même servir à créer un personnage qui n'existe pas, comme celui de Mme Bates dans *Psycho* (Alfred Hitchcock, 1960).

Dans *M le maudit* (Fritz Lang, 1931), le criminel existe par son sifflotement, sa voix et son ombre (il a même droit à des plans subjectifs) longtemps avant de nous révéler ses traits physiques. Dans *Les Quatre Cents Coups* (François Truffaut, 1959), la scène de l'interrogatoire montre Antoine Doinel pendant qu'il répond aux questions d'une interlocutrice invisible. Car il s'agit d'une voix officielle, d'une voix autoritaire comme celle du juge, hors champ, dans la scène du tribunal de *Mourir à tue-tête* (Anne Claire Poirier, 1979).

Le son non synchrone (et non diégétique) **off** est un son qui n'appartient pas à l'image montrée (hors cadre) mais qui relève de la réalisation, signalant l'intrusion de l'auteur. N'ayant aucun rapport avec la représentation mais étant plutôt issu de la mise en scène, il se réduit habituellement aux commentaires et à la musique d'ambiance. Parce que sa source n'est pas visible dans l'espace physique de l'histoire, on confond souvent le commentaire extérieur (du cinéaste) avec le monologue intérieur (d'un personnage).

Le documentaire affiche plus clairement les fonctions de la voix off. Dans *Lettre de Sibérie* (Chris Marker, 1958), elle fournit pour la même scène (qu'on recommence) d'abord un commentaire officiel de type stalinien béat, ensuite un commentaire antipathique de type anticommuniste, puis un commentaire didactique, objectif et nuancé. Tout cela a pour but de montrer que la voix off manipule le sens des images en nommant les choses et en dirigeant leur interprétation, ce qui se vérifie d'ailleurs en observant les informations télévisées.

L'intérêt de délimiter ces trois sphères, c'est de reconnaître les fonctions de chacune et de mesurer leur degré d'invention. Dans *La Salamandre* (Alain Tanner, 1971), le commentaire en voix off raconte que les personnages entrent dans une belle vallée tandis que le personnage de Rosemonde déplore en voix *in* la laideur du paysage. Dans *Péril en la demeure* (Michel Deville, 1985), le personnage joue un morceau à la guitare (son *in*), qui continue pendant qu'il s'en retourne en auto (son *off*) et que nous entendons chez lui par l'entremise d'un magnétophone (son hors champ).

Michel Chion explique que les frontières entre sons *in*, hors champ, *off* ne sont pas étanches et que la localisation d'une source n'est pas toujours possible ni même nécessaire. Les sons d'ambiance font partie de la réalité d'une image même si leur source n'est pas toujours visible. Et les sons retransmis par radio, téléphone ou magnétophone peuvent être utilisés aussi bien *in* que *off* selon les intentions du cinéaste. Enfin, la musique a un statut particulier au cinéma : elle fait passer d'un temps à un autre, d'une réalité à une autre et même de *in* à *off* sans que sa pertinence par rapport à ce qu'on voit à l'écran soit remise en question.

Il existe en plus une zone intermédiaire, celle des sons **internes**. Ceux-ci correspondent à ce que pense ou ressent un personnage, aussi bien à ses battements de cœur qu'à ses ruminations mentales. Dans *Les Ailes du désir* (Wim Wenders, 1977), les anges entendent les voix intérieures des gens qu'ils croisent. Objectifs ou subjectifs, ces sons ne sont pas perçus par les autres personnages, ce qui ne les empêche pas d'être *in*. Bien sûr, la scène d'une femme lisant la lettre que lui a adressée son mari avant d'être pendu n'aura pas le même retentissement selon que la lecture se fait par la voix off du mari ou celle, interne, de la femme elle-même.

Montage par le son

Dans le cinéma d'animation, le documentaire et le vidéo-clip, le montage se fait souvent à partir de la bande sonore. Au contraire, celui du cinéma de fiction se fait généralement à partir de la bande-image. Et les manipulations du montage sonore élargissent les capacités expressives du cinéma. Depuis *The Graduate* (Mike Nichols, 1967), le dialogue continue parfois après la fin d'une scène ou commence dans la précédente. Et *Raging Bull* (Martin Scorsese, 1980) exagère l'intensité de certains bruits, en distord d'autres, ou ralentit le son pour exprimer la fatigue.

Dans *The Killer* (John Woo, 1989), le héros et le policier se tiennent respectivement en joue tout en laissant croire à Jenny, l'aveugle, qu'ils sont des amis. Leur discours poli et banal est rendu dérisoire par la violence de la situation. C'est quand il contredit ou prolonge les images que le son devient expressif. Dans *Delicatessen* (Jeunet et Caro, 1990), les bruits du sommier qui grince en cadence se font entendre dans toute la maison et déterminent le tempo de celui qui peint son plafond, celle qui joue du violoncelle, celui qui souffle un pneu, celle qui tricote.

Dans *The Hudsucker Proxy* (Joel Coen, 1994), la tentative de la journaliste de séduire le héros est commentée par deux chauffeurs de taxi qui en profitent pour ridiculiser le caractère stéréotypé de la scène. Parce que le son participe à la mise en scène au même titre que l'image, il n'est pas tenu à plus d'authenticité. Dans *Péril en la demeure* (Michel Deville, 1985), on entend deux coups de feu pendant la scène du meurtre de Piccoli tandis que l'enregistrement vidéo de la voisine en révèle un troisième. Mais la contribution la plus intéressante de la bande sonore s'exerce dans le découpage de l'espace et du temps. La bande sonore articule l'**espace**, quand elle n'en crée pas un autre. En effet, elle a son échelle des plans, ses angles de prise de son, ses champs-contrechamps, sa profondeur de champ et surtout son hors-champ sonore. Par exemple, si on entend le bruit d'un bateau qu'on ne voit pas à cause de la brume, le son nous permet d'évaluer dans quelle direction il se déplace, à quelle distance et à quelle vitesse. Puisque le son *in* fait partie de l'image, il reste donc un peu à la remorque de celle-ci pour découper l'espace, tandis que le son *off* reste extérieur à l'image et peut donc difficilement découper l'espace visualisé. C'est donc le son hors champ et ses décalages avec l'image qui permettra les plus belles inventions.

Par contre le découpage du **temps** s'exerce surtout par le son interne, subjectif. La bande sonore s'articule dans le temps en ce qu'elle peut être antérieure, simultanée ou postérieure à l'image dans le récit. Dans *Psycho* (Alfred Hitchcock, 1960), quand Marion s'enfuit, elle se rappelle la demande (que nous connaissons) de son patron de passer à la banque porter l'argent... et s'imagine ensuite ce que dira son patron le lundi matin quand il verra qu'elle ne l'a pas fait... Un commentaire au passé par-dessus une scène actuelle ou un commentaire récent par-dessus une scène historiquement passée ajoutent à la signification implicite de ce que le spectateur voit.

Contrairement à la bande-image, la bande-son comporte beaucoup de matériel non diégétique. C'est donc en manipulant celle-ci que les cinéastes interviendront directement dans le film, à travers ou par-dessus l'histoire, pour signaler leur présence. Dans *Jules et Jim* (François Truffaut, 1962), le commentaire en voix off correspond tantôt au monologue intérieur d'un personnage, tantôt à un résumé du narrateur, tantôt à un extrait du roman dont le film est une adaptation. Mais cette tendance à surplomber le récit relève surtout du cinéma moderne.

CHAPITRE 8

LE MONTAGE DU FILM

Un monteur n'a pas besoin d'être écrivain,
mais il doit connaître la structure du récit ;
il n'a pas besoin d'être caméraman, mais il doit
comprendre la composition picturale et la compatibilité
des angles de prises de vue ; il n'a pas besoin
d'être metteur en scène, mais il doit sentir
avec autant de sûreté le jeu des acteurs
et le tempo du drame ou de la comédie.

ANTHONY WOLLNER

L A THÉORIE DU CINÉMA a toujours proposé quatre formes de montage. Il y aurait, d'une part, le **montage narratif,** celui qui n'a d'autre but que d'assurer la continuité de l'action, quelles que soient les idées exprimées à la faveur des événements décrits. Il y aurait, d'autre part, les trois tendances principales de ce qu'on appelle le **montage expressif,** c'est-à-dire un montage qui créerait des émotions ou produirait des significations par lui-même. Ces trois tendances auraient été explorées par le cinéma soviétique des années 1920.

Le montage intellectuel ou idéologique d'Eisenstein consistait à organiser la perception du spectateur en juxtaposant des images dont le choc crée un sens que chacune d'elles n'avait pas. Le montage lyrique ou impressionniste de Poudovkine découpait la scène sous plusieurs angles pour la magnifier, quitte à intercaler des images permettant des métaphores. Le montage constructif ou « d'idées » de Dziga Vertov élaborait tout le film à la table de montage en fragmentant des actualités pour en dégager des significations particulières.

Ces formes de montage, plus théoriques que pratiques, n'ont jamais été actualisées à l'état pur au cinéma. Elles ont permis à des théoriciens comme Eisenstein, Poudovkine, Timochenko, Balasz et Arnheim de dresser des tableaux ou des organigrammes des techniques d'enchaînement par le montage et, en définitive, de fournir des catalogues de figures de style. Ces formes de montage ont été plus ou moins adaptées et transposées selon les intentions de divers cinéastes.

On pourrait trouver l'équivalent du montage intellectuel dans la mise en scène des informations télévisées, le montage lyrique se retrouverait en quelque sorte dans le cinéma poétique de Pierre Perrault et le montage constructif existerait chez Godard, qui se vante justement de pratiquer la déconstruction. À moins qu'on ne préfère associer le montage lyrique au cinéma par mouvements de caméra de Jancso... Mais en général, ces différentes formes ou fonctions du montage s'exercent presque toujours à travers la narration. Parce que la fonction normale du montage, ou du moins la plus courante, consiste à assurer la progression d'un récit.

Marcel Martin a fourni une excellente définition du montage classique. «J'appelle montage narratif l'aspect le plus simple et le plus immédiat du montage, celui qui consiste à assembler selon une séquence logique ou chronologique, en vue de raconter une histoire, des plans dont chacun apporte un contenu événementiel et contribue à faire avancer l'action au point de vue dramatique (l'enchaînement des éléments de l'action se fait selon un rapport de causalité) et au point de vue psychologique (la compréhension du drame par le spectateur[1].»

La scène de l'avion dans *North by Northwest* (Alfred Hitchcock, 1959) comporte 133 plans et celle de la douche dans *Psycho* (Hitchcock, 1960), dont le tournage a duré 7 jours, comportait 70 positions de caméra... pour 45 secondes de film. Le film *The Texas Chainsaw Massacre* (Tobe Hooper, 1974) comporte 1500 plans tandis que pour la même durée, *J.-A. Martin, photographe* (Jean Beaudin, 1976) en comporte moins de 300. En général, un long métrage de fiction comporte environ 600 plans. Si on calcule une moyenne de quatre prises de vue par plan (au minimum), nous nous retrouvons avec 2400 plans à démêler au montage.

Souvent le découpage technique est très précis et le rapport de la scripte permet d'épurer l'essentiel, donc le montage devient un «exercice de colle», ne serait-ce que pour corriger les impondérables du tournage. Reste qu'il faut assembler tous ces plans dans un ordre logique, en visant l'intelligibilité (pas d'effets visuels au détriment des

---

1. Marcel MARTIN, *Le Langage cinématographique*, Paris, Cerf, 1985, p. 151.

intentions) et la cohérence (chaque scène doit servir à l'ensemble). Le monteur doit souvent choisir entre un plan où le son est déficient et le même plan avec un éclairage douteux, en essayant de privilégier les performances de l'acteur, même si la mise au point est plus ou moins bonne.

Le monteur peut éliminer complètement un personnage secondaire, intégrer des scènes d'archives et, aidé du cinéaste, monter n'importe quoi en autant que cela semble avoir un sens. Le film *Annie Hall* (Woody Allen, 1977) s'intitulait initialement *Anhedonia*, était centré uniquement sur le personnage d'Alvy Singer et était conçu comme un film métaphysique à la Bergman. Le monteur Ralph Rosenblum a enlevé des scènes entières, recentré le film sur la relation entre Alvy et Annie, puis demandé au réalisateur de tourner une autre fin.

Les fonctions du montage

La première fonction du montage est d'assurer la **logique narrative**. Raconter, c'est choisir et utiliser certains faits, c'est simplifier certains aspects et structurer les événements de façon à faire apparaître des liens, c'est surtout resserrer l'intrigue pour supprimer les temps morts, condenser pour mieux dramatiser. Construite selon un point de vue, l'histoire propose donc une interprétation. Et nous racontons des histoires pour donner une logique à la réalité, pour prêter un sens aux choses et leur faire dire ce qui nous arrange.

La dramatisation consiste donc à choisir uniquement les faits les plus significatifs pour les articuler selon une logique particulière, celle de la nécessité. Telle situation ou telle action entraîne telle décision ou telle réaction, qui devient alors la cause de tel ou tel effet. Le déroulement se fonde sur un principe de causalité qui dépend du caractère du personnage principal. Il doit développer continuellement des significations et fournir une finale surprenante, non pas en ayant recours au hasard ou à des invraisemblances, mais plutôt en utilisant des éléments de l'intrigue qui auraient échappé à l'attention du spectateur.

Les seules coïncidences permises sont celles qui surgissent au début du film et les seuls hasards acceptés sont ceux qui aggravent les problèmes du héros, car le spectateur adore s'inquiéter, à n'importe quel prix. Puisque le montage est une succession de réponses à une succession d'attentes, un bon suspense ménage plusieurs hypothèses et maintient le spectateur en attente de confirmation. L'intelligence du montage consiste à fournir des réponses surprenantes sans pour autant compromettre la crédibilité du film, des réponses à la fois inattendues et inévitables.

Mais en plus de garantir la logique narrative, le montage a aussi pour fonction d'assurer la **transparence**. En respectant certaines règles de continuité, le cinéaste évite les détails inutiles et le fouillis de plans. Ceux-ci s'emboîtent naturellement, construisant pour le spectateur une représentation d'ensemble qui lui donne l'illusion de la perception réelle. Dans un montage bien fait, la succession des plans passe inaperçue parce qu'elle correspond en quelque sorte aux mouvements de l'attention, parce qu'elle recrée le processus psychologique du spectateur.

Si un personnage se lève et se déplace, le cinéaste élargit le plan, change d'angle et coupe dans le mouvement. Un peu comme dans la réalité, le spectateur modifiera son attention et changera de point de vue parce que la situation le demande. C'est parce qu'il s'accorde à la façon naturelle de voir les choses que le montage devient invisible. La bande sonore contribue pour beaucoup à cette homogénéité. En créant une impression de fluidité, les raccords rendent le discours filmique transparent.

Le langage se retrouve entièrement au service d'une logique émotionnelle. « Le morcellement des plans n'y a pas d'autre but que d'analyser l'événement selon la logique matérielle ou dramatique de la scène. C'est sa logique qui rend cette analyse insensible, l'esprit du spectateur épouse naturellement les points de vue que lui propose le metteur en scène parce qu'ils sont justifiés par la géographie de l'action ou le déplacement de l'intérêt dramatique[2]. »

Le montage a finalement pour fonction de contribuer à la **dramatisation**. Monter, c'est entretenir l'intérêt et le suspense, c'est savoir quoi couper, quand et comment. Le spectateur ne peut pas sauter une scène plate ni étirer une scène intéressante, et le rythme du film détermine sa façon d'élaborer des hypothèses ou des suppositions. Le montage peut éliminer telle ou telle chose, condenser une action en quelques plans, insister sur l'essentiel (quitte à ne pas le découper).

Le montage permet de présenter des événements successifs ou simultanés, de recommencer la même scène en lui donnant d'autres significations, ou encore de fournir des comparaisons. Il manipule la durée pour rendre intéressantes les choses les plus simples et se permet toutes les figures de style pour organiser un point de vue particulier.

---

2. André BAZIN, *Qu'est-ce que le cinéma ?*, Paris, Cerf, 1975, p. 64.

Le montage se permet des commentaires sur le récit qu'il élabore, et il lui arrive même d'articuler une analyse de la situation représentée.

Si *L'Homme de marbre* (Andrzej Wajda, 1976) s'était contenté de raconter l'histoire de Birkut, le héros du travail, il aurait dénoncé les erreurs du passé, celles du stalinisme. S'il s'était contenté de raconter l'histoire d'Agnieszka, l'étudiante en cinéma qui veut faire un film sur Birkut, il aurait dénoncé la censure qui s'exerce dans la Pologne des années 1970. Le fait d'entremêler les deux intrigues permet d'aller plus loin. En effet, l'enquête de l'étudiante utilise les témoignages de ceux qui ont vécu les purges staliniennes et qui, réhabilités, sont maintenant au pouvoir. Justement parce qu'ils ont quelque chose à cacher, ils refusent qu'Agnieszka témoigne... et le film montre alors les séquelles du stalinisme, encore présentes. Grâce au montage, Wajda dénonce l'Histoire justement par ceux qui l'ont faite.

Le montage et les articulations du temps

Nous avons vu que les différentes structures des scènes permettent de découper l'espace et d'articuler le temps. Le montage général du film permet les mêmes manipulations, et encore plus en ce qui concerne la durée. À ce chapitre, il peut se permettre toutes les anamorphoses possibles. Contrairement à l'espace, le temps est une donnée subjective et son traitement s'avère un problème d'autant plus difficile. Mais qu'il s'agisse des scènes ou du film dans son ensemble, ce sont en quelque sorte les mêmes techniques qui sont utilisées, élargies.

Le montage **linéaire** organise une action unique en la développant dans un ordre logique et selon un enchaînement chronologique. Même linéaire, il peut articuler la succession chronologique de plusieurs façons plus ou moins complexes. On peut sauter certains événements vécus par le personnage, ou se permettre des ellipses de plusieurs années. On peut dilater ou concentrer le temps, par exemple quand presque tout le film raconte deux jours de la vie du personnage et la dernière séquence, plus de vingt ans. On peut même ajouter des digressions à des événements-carrefours ou des apartés sur certains personnages.

Le montage **alterné** juxtapose des actions se déroulant en même temps et qui peuvent converger. Par exemple, *Nashville* (Robert Altman, 1975) explore la ville mythique en alternant les apparitions de vingt-quatre personnages tous reliés au spectacle final. Dans *Les Ordres* (Michel Brault, 1974), qui porte sur la Crise d'octobre, nous alternons continuellement entre des images des Boudreau, de Richard Lavoie, du docteur Beauchemin, pour partager avec chacun une partie de l'action que tous vivront au complet (l'arrestation, la fiche d'inscription, le déshabillage, etc.).

L'alternance peut se justifier par des nécessités dramatiques, comme dans *Birdy* (Alan Parker, 1984), où les étapes de la thérapie correspondent aux évocations les plus pertinentes du passé. Elle peut aussi s'expliquer par la seule dynamique du montage. Sur le principe de la série télévisée, un film comme *Short Cuts* (Robert Altman, 1993) accumule des intrigues qui, intercalées l'une dans l'autre, paraissent moins insignifiantes que si elles étaient montées en continuité.

Le montage est **parallèle** quand il présente des actions ne se déroulant pas nécessairement en même temps mais juxtaposées en vue d'établir une analogie. La comparaison enrichit alors chacune des intrigues. Par exemple, *The French Lieutenant's Woman* (Karel Reisz, 1981) fait vivre à un acteur et une actrice une idylle semblable à celle du film qu'ils tournent. Et les deux intrigues se recoupent pour éclairer la société de l'époque victorienne par la situation contemporaine.

Autre exemple, *The Godfather, Part II* (F.F. Coppola, 1974) met en relation l'ascension de Vito Corleone et la chute de son fils Michael, à 40 ans d'intervalle. La version télévisée américaine a reconstitué l'ordre chronologique en présentant d'abord le succès du père et ensuite la déchéance de Michael. La narration y perdait beaucoup dans la mesure où la façon particulière de comparer les deux biographies, de les commenter l'une par l'autre, témoignait dans la version originale, des différentes façons de gérer une « business » familiale.

Le montage **inversé** bouleverse l'ordre chronologique par nécessité dramatique ou narrative. *Portion d'éternité* (Robert Favreau, 1989) commence par la mort du couple parce qu'elle est nécessaire pour permettre l'enquête qui justifiera les informations sur la génétique. En inversant l'ordre de présentation des événements, le cinéaste peut fournir les informations seulement au moment le plus approprié dramatiquement, là où la thématique en profitera le plus.

Le montage **par exposition lente** consiste à retarder tout au long du film une information importante qui servira justement de résolution finale. L'intrigue policière la plus banale va habituellement cacher les causes du méfait pour ne s'intéresser qu'aux effets : 1) on décide un crime ; 2) on planifie le crime ; 3) on commet le crime ; 4) le crime est découvert ; 5) le détective enquête ; 6) on révèle les points 1-2-3. Le film escamote généralement les trois premières étapes pour nous les révéler comme surprise finale : qui a tué et pourquoi ? *Garde à vue* (Claude Miller, 1981) reste un modèle de ce type de film policier.

Le montage **par leitmotiv** structure le film autour d'un plan ou d'une scène qui revient périodiquement (comme un refrain) pour insister sur un élément particulièrement important. *Il était une fois dans l'Ouest* (Sergio Leone, 1968) articule son suspense autour d'une situation qui revient continuellement et qui se complète d'une fois à l'autre pour prendre tout son sens vers la fin du film. Dans *When Harry Met Sally* (Rob Reiner, 1989), la chronique des deux personnages qui ne veulent pas admettre qu'ils s'aiment (depuis onze ans) est ponctuée de fausses interviews qui font l'éloge du mariage (pour ceux qui n'auraient pas compris).

La dramatisation par le montage

Souvent conçu comme une façon de raccourcir les plans d'une scène pour cultiver la surenchère visuelle, le montage consiste aussi à distribuer l'information de telle ou telle façon et s'exerce au niveau de la structure générale du film. Par ailleurs, le jeu avec le temps signale la présence d'une instance narrative qui a choisi la façon la plus pertinente de nous intéresser à son histoire. Et il s'avère impossible de rendre compte de certains films sans expliquer leur temporalité, sans dégager les différences entre le déroulement naturel de l'histoire et l'organisation singulière de la narration.

Ce décalage s'avère particulièrement évident dans *Citizen Kane* (Orson Welles, 1941). Le film ne raconte pas la vie de Kane dans l'ordre chronologique, mais la reconstitue à travers les interventions de différents narrateurs qui parfois racontent le même événement mais l'interprètent de façon différente. L'histoire commence quand la mère de Kane le confie à Thatcher (au passé) tandis que la narration commence quand Kane meurt (au présent). Si l'histoire raconte une enquête journalistique, la narration nous fournit les commentaires de Welles sur son personnage.

On pourrait raconter chronologiquement l'histoire d'un homme qui a tué sa mère, empaille les oiseaux et vit seul dans un motel où, sous le déguisement de la morte, il tue les rares voyageurs... Et nous détruirions l'intérêt du film *Psycho* (Hitchcock, 1960), construit sur une ellipse qui dissimule une information capitale. Le décalage entre la succession naturelle des événements tels qu'on les connaît à la fin de l'histoire et la façon dont ces événements sont dévoilés, par bribes, dans un certain ordre, à un certain rythme, n'est pas un simple artifice.

Par exemple, *Le Confessionnal* (Robert Lepage, 1995) raconte un drame familial qui se déroule en 1952, l'année où Hitchcock a tourné *I Confess* à Québec, et aussi l'enquête menée 37 ans plus tard par Pierre Lamontagne sur les origines de son frère adopté. Tout en s'offrant les transitions les plus habiles pour réactualiser le film de Hitchcock, le montage enchevêtre les deux intrigues pour les enrichir mutuellement, pour souligner que le passé refuse de s'effacer, et qu'il encombre encore le présent.

L'évolution du langage cinématographique repose sur ses capacités narratives et le montage n'a pas encore fini d'explorer les méandres du temps... *Jacob's Ladder* (Adrian Lyne, 1990), par exemple, semble entremêler les temporalités en traitant avec autant de vraisemblance les scènes imaginaires et les scènes réelles. Pourtant le film commence, se déroule et se termine au Viêt-nam, racontant l'agonie d'un soldat qui entremêle des flash-back sur sa vie familiale et les *flash forward* d'une enquête imaginaire sur les expériences chimiques dont il aurait été victime.

Dans *Groundhog Day* (Harold Ramis, 1993), un journaliste revit continuellement la même journée sans réussir à changer le cours du temps et des événements. Véritable exercice de montage, le film raccourcit les scènes déjà vécues et dans la séquence de la tentative de séduction, les ellipses permettent de retrouver les mêmes moments (avec variantes) de la même journée. Comme si le cinéma populaire réussissait à intégrer les expérimentations narratives du cinéma moderne.

The Sweet Hereafter (Atom Egoyan, 1997) témoigne de l'éclatement d'une communauté par la complexité de sa structure narrative. Étalé sur deux ans, le récit enchâsse trente strates de temps différentes pour donner un sens à un accident. Dès le début du film, nous nous promenons entre l'avant et l'après de cet accident, entre le quotidien de certains personnages et les démarches de l'avocat pour intenter une poursuite. La scène de l'autobus scolaire qui s'enfonce dans l'eau, située au milieu du film, crée ainsi des cercles narratifs concentriques qui s'élargissent.

Le montage se permet même le conditionnel en organisant des parcours multiples selon que le personnage fait tel ou tel geste. À partir d'une même situation, les séquences hypothétiques peuvent s'entrelacer (en alternance) comme dans *L'Ironie du sort* (Édouard Molinaro, 1973) et *Sliding Doors* (Peter Howitt, 1998) ou encore se dérouler successivement (sous forme de triptyque) comme dans *Le Hasard* (Krzysztof Kieslowski, 1981) et *Cours, Lola, cours* (Tom Tykwer, 1998).

De plus en plus, les cinéastes accumulent les intrigues parallèles, passent d'un récit ou d'un personnage à un autre, ou encore découpent des points de vue différent. Leur montage navigue entre les scènes pour laisser croire qu'il y a des rapprochements possibles entre les destins. Ils élaborent des structures cycliques avec retour des situations pour leur donner un sens nouveau, des structures en mosaïque avec convergence de plusieurs itinéraires, et même des structures en arborescence en intégrant des extraits de vieux films pour commenter les événements. *Lost Highway* (David Lynch, 1996) se dédouble et tourne en rond avec sa structure en anneau de Moebius, tandis que *L'Appartement* (Gilles Mimouni, 1996) fait d'une simple histoire d'amour un exercice de style aussi alambiqué que gratuit. On en arrive à *Time Code* (Mike Figgis, 2000) qui propose quatre plans-séquences d'une heure et demie chacun, projetés en même temps sur un seul écran divisé en quatre ; la bande sonore privilégie l'un ou l'autre des écrans pour guider le spectateur.

Quand il ne se contente pas de raconter des histoires, le cinéma peut élaborer des structures en sablier, en abîme, en miroir, par vases communicants ou même par séquences interchangeables, mais à l'instar du nouveau roman, elles relèvent d'une autre logique que celle de la narration classique. Alain Resnais, Peter Greenaway, Raúl Ruiz élaborent des combinatoires narratives qui s'avèrent plus intéressantes que l'histoire... qu'elles ne racontent pas.

CHAPITRE 9

LA NARRATION ET LA PERSPECTIVE

La même histoire, par exemple un père
tue son fils, dans la classe ouvrière, c'est
un mélodrame ; à Outremont, c'est
un drame et si cela se passe chez
le premier ministre, c'est une tragédie.

JACQUES GODBOUT

RACONTER UNE HISTOIRE, ce n'est pas montrer le déroulement complet des événements, c'est plutôt choisir ce qui est important, c'est établir des relations nécessaires, c'est mesurer ses moyens d'expression en fonction de ses intentions. Pour dramatiser, il faut insister sur certaines choses, en suggérer d'autres, divulguer l'information au fur et à mesure, ralentir ou accélérer la narration, entretenir le suspense. Si l'instance narrative maîtrise mal son récit, si le spectateur perd des informations, l'identification au personnage principal échoue, car raconter, c'est d'abord et avant tout baliser la lecture, contrôler la perception.

D'ailleurs Hitchcock a expliqué la différence entre surprise et suspense. Si deux personnes prennent le café dans un bistrot et qu'une bombe explose, c'est une surprise. Si le spectateur avait su qu'il y avait une bombe sous la table, il se serait inquiété durant toute la scène, et cela aurait fourni un suspense[1]. Le narrateur doit donc dévoiler progressivement les événements pour entretenir l'intérêt. Il peut surtout contrôler les informations dont dispose le spectateur, ce qui lui permet de manipuler le savoir de celui-ci par rapport à celui du personnage. Et cette perspective s'exerce selon trois points de vue.

Il y a **focalisation zéro** quand le narrateur en sait plus que les personnages. Omniscient, il connaît même les pensées et les émotions de chacun des personnages, ce qui lui permet d'imposer sa vision des choses. Au cinéma, le spectateur aura donc des informations qui échappent aux personnages, grâce à la position de la caméra, au montage alterné, à la bande sonore, etc. Certains préfèrent parler de focalisation « spectatorielle » parce qu'il s'agit d'une organisation du récit qui place le spectateur dans une position privilégiée.

Il y a **focalisation interne** quand le narrateur en sait autant que les personnages. Il s'identifie à un personnage en particulier pour ne fournir que des informations connues de ce dernier, ou choisit successivement le point de vue de différents personnages. Au cinéma, le récit sera restreint à ce que peut savoir le personnage. Puisque dans la focalisation interne, il faut voir le personnage (nous y

---

1. François TRUFFAUT. *Hitchcock/Truffaut*, Paris, Ramsay, 1983, p. 58-59.

reviendrons), cela suppose que celui-ci soit présent dans toutes les scènes, sinon qu'il dise d'où il tient ses informations.

Il y a enfin **focalisation externe** quand le narrateur en sait moins que les personnages parce qu'il s'apparente à un observateur objectif qui se borne à décrire les comportements extérieurs sans jamais connaître ni les pensées ni les sentiments des personnages. Au cinéma, les événements sont décrits de l'extérieur sans que nous pénétrions dans l'intériorité des personnages; donc il y a restriction du savoir du spectateur par rapport à celui des personnages. Dans le film *Psycho*, Hitchcock crée une méprise intentionnelle en transmettant une information erronée au spectateur : il suggère à plusieurs reprises (17 répétitions d'information) que Mme Bates est vivante.

Au cinéma, les trois focalisations ont des applications particulières. Dans une scène de kidnapping, la caméra peut montrer les ravisseurs qui embarquent de force un piéton dans une auto. Nous restons simples témoins, sans connaître les sentiments de chacun. Il y a focalisation *sur* les personnages, donc focalisation externe. Puis nous nous retrouvons dans l'auto, et parmi les plans montrant la victime s'intercalent quelques plans de ce qu'elle voit (nous pouvons même entendre ce qu'elle pense). Nous voyons les choses selon son point de vue, en vision subjective. Il y a focalisation *par* le personnage, donc focalisation interne.

Ensuite la caméra pourra laisser le personnage dans une pièce pour s'occuper de ses ravisseurs dans une autre pièce, d'où décrochage dans la perspective pour nous révéler les raisons de l'enlèvement. Le montage alterné présente ainsi d'autres actions, d'autres lieux que ce que connaît le personnage principal. Il y a focalisation *par-dessus* le personnage, donc focalisation zéro. Peu de films adoptent un seul point de vue tout au long du récit. Habituellement, la focalisation varie en fonction des émotions qu'on veut faire ressentir au spectateur.

L'enquête policière aura tendance à privilégier la focalisation interne, car la narration à la première personne permet de fournir beaucoup d'informations (sinon l'enquêteur s'assurera les services d'un assistant-confident). Elle permet aussi au spectateur de découvrir graduellement la solution de l'énigme, en même temps que le personnage. Par contre, le suspense préfère la focalisation zéro parce qu'elle fournit moins d'information au personnage qu'au spectateur. Celui-ci pourra donc s'inquiéter pour le personnage et s'identifier à lui plus facilement.

D'ailleurs, un suspense sera d'autant plus efficace qu'il saura manipuler la durée, étirer l'attente, jouer sur les nerfs. Il tardera à montrer au spectateur ce qu'il veut voir, quitte à insister sur les effets de la menace. *Jaws* (Steven Spielberg, 1975) distribue quelques victimes pour ne laisser apparaître le requin qu'après le deuxième tiers du film. Et le degré de suspense sera proportionnel à la vulnérabilité de la victime, ainsi qu'à la vraisemblance du film. La faible impression de réalité que donnent les dessins animés fait de nous de simples spectateurs plutôt que des participants inquiets.

Pour en revenir à la focalisation *interne*, elle s'exerce quand le personnage se retrouve médiateur de perception à l'intérieur du récit et que les images sont clairement attribuées à son regard. En littérature, elle implique que le personnage qui parle à la première personne ne soit jamais décrit de l'extérieur. Au cinéma, cela supposerait l'utilisation exclusive et permanente de la caméra subjective et du monologue intérieur. Comme dans *Lady in the Lake* (Robert Montgomery, 1947). Le film est entièrement vu par les yeux du personnage principal, qu'on ne voit pratiquement pas à l'écran, et il apparaît impossible pour le spectateur de s'identifier à une caméra. *La Femme défendue* (Philippe Harel, 1997) réussit mieux la gageure en déplaçant l'intérêt sur l'autre personnage, la femme qui est regardée.

La participation filmique a ceci de particulier qu'elle exige que le personnage apparaisse dans la visualisation de son récit à la première personne. Il est essentiel de connaître un personnage avant de pouvoir intérioriser son regard. Et le va-et-vient continuel entre la focalisation sur le personnage et la focalisation par le personnage engendre, en définitive, un point de vue omniscient. Surtout que le personnage a beau raconter à la première personne (en voix off), les images nous fournissent des informations qui ne dépendent pas nécessairement de lui.

En définitive, le cinéma privilégie la focalisation zéro, en permettant au spectateur de suivre le récit *au côté* du personnage principal, avec lui. La narration cinématographique se fait généralement selon le point de vue de la caméra, point de vue omniscient identifié à celui du metteur en scène, et imposé au spectateur. À l'occasion, le film fournit des scènes subjectives pour amener le spectateur à participer plus intensément aux événements en s'identifiant à un personnage en particulier.

C'est le découpage des scènes qui détermine la participation du spectateur, lequel peut se trouver à n'importe quel point sur une échelle, allant de simple témoin à participant... jusqu'à l'identification au personnage. La bande sonore peut contredire ce que la caméra montre (dispute d'un couple par-dessus le plan d'un lac tranquille) et même raconter tout autre chose. Finalement le film raconte d'une certaine façon et propose une perspective particulière que le spectateur ne peut ni choisir ni modifier. Celui-ci est à la merci du point de vue adopté par le cinéaste. Identifier ce point de vue s'avère donc essentiel.

Perspective générale et point de vue particulier

Dans *La Nuit américaine* (François Truffaut, 1973), chacun des trois acteurs-personnages explique le film dans le film selon son rôle. Alexandre, le père, affirme : «C'est l'histoire d'un homme dans la cinquantaine...» ; Alphonse, le fils : «C'est l'histoire d'un jeune homme...» et Julie : «C'est l'histoire d'une jeune Anglaise...» Dans un film qui raconte l'éternel triangle amoureux, on peut présenter l'histoire selon la perspective de chacun des personnages : le mari pourrait considérer l'aventure comme une trahison, l'amant l'envisager comme une preuve de virilité, la femme y voir un apprentissage de la liberté.

Le choix d'une perspective correspond à une intention particulière. Le film *Gandhi* (Richard Attenborough, 1982) peut faire du personnage un héros exceptionnel et surtout éviter tout point de vue critique, pour soulager la mauvaise conscience des Britanniques ; le problème c'est que la focalisation omnisciente présente cette version *comme étant la réalité*. Le film *Amadeus* (Milos Forman, 1984) invente, lui aussi, n'importe quoi sur son personnage, mais il a au moins l'intelligence de présenter cette vision *comme étant celle de Salieri,* son rival crevant de jalousie et interné.

Dans *Pleasantville* (Gary Ross, 1998), les deux adolescents sont les seuls à savoir qu'ils sont dans une série télévisée et que ceux qui les entourent sont des êtres de fiction, tandis que dans *The Truman Show* (Peter Weir, 1998), le personnage principal est le seul à ne pas se rendre compte que sa vie constitue une série télévisée et que ceux qui l'entourent sont des acteurs. La perspective peut aussi être celle d'un personnage secondaire qui commente les événements, elle peut alterner d'un personnage à l'autre, ou encore se présenter comme celle du cinéaste lui-même dans un film à thèse.

Souvent, un film adopte dans son ensemble la perspective du personnage principal, ce qui ne l'empêche pas de choisir dans certaines scènes le point de vue d'autres personnages. La scène de la douche dans *Psycho* (Hitchcock, 1960) additionne les points de vue: d'abord celui du voyeur criminel, ensuite celui de la victime qui voit le tueur puis celui du cinéaste qui regarde le cadavre. Et le film lui-même multiplie les points de vue (surtout qu'il fait mourir le personnage principal au milieu).

Dans une scène où des parents divorcés se déchirent devant leur enfant, nous avons le choix de privilégier le père ou de donner raison à la mère, sinon de sympathiser avec l'enfant. Les parents peuvent s'engueuler sans se préoccuper de l'enfant; la caméra fournit alors un point de vue omniscient en alternant de l'un à l'autre. On peut aussi insister sur les réactions de l'enfant pour faire comprendre qu'il est un otage. Si le couple apparaît toujours dans la même image tandis que l'enfant est toujours isolé dans des gros plans, cela renforce l'impression qu'il est abandonné par ses parents. Si l'un des parents est toujours présenté seul tandis que l'autre partage l'image avec l'enfant, cela signale des alliances et des sympathies.

Imaginons la situation suivante. Une jeune fille et un jeune homme viennent souper chez une amie commune. Au dessert, le garçon finit par avouer à sa fiancée qu'il serait préférable qu'ils ne se voient plus pendant un certain temps. La jeune fille se met à pleurer, puis soudain se sauve à l'extérieur. En traversant la rue, elle se fait frapper par un camion. Arrivent sur les lieux de l'accident son ami, celle qui les recevait, le chauffeur du camion, un journaliste. Nous pourrions raconter les faits selon le point de vue d'un narrateur omniscient qui raconterait à la troisième personne tout ce qui s'est passé, aussi bien les faits que les sentiments et les pensées de chacun des personnages. Il pourrait même commenter ou interpréter les événements.

Nous pourrions raconter les faits selon le point de vue interne d'un des personnages racontant l'histoire à la première personne. La jeune fille pourrait se raconter à elle-même son bonheur, ses sentiments, sa panique quand elle a appris que son fiancé la quittait. Ou encore le garçon, se sentant responsable et se cherchant des excuses, pourrait raconter sa version des faits à un confident quelconque. Nous pourrions aussi raconter l'histoire selon le point de vue externe d'un journaliste qui, à partir de la scène de l'ambulance, raconterait ce qui s'est passé (sans avoir accès aux émotions des personnages) et se contenterait de fournir les noms, de rapporter les faits, sous prétexte de neutralité.

Le roman *L'Insoutenable Légèreté de l'être*, de Milan Kundera, présente trois fois la même histoire mais chaque fois selon une voix narrative particulière. Le film (Philip Kaufman, 1987) raconte l'histoire une seule fois mais vécue différemment par les trois personnages. Tomas découvre Térésa à travers l'eau de la piscine, la vapeur du sauna, les rideaux de douches, le verre cathédrale des portes... Il soulève continuellement ses lunettes de soleil pour épier ses proies et se retrouve même laveur de vitres. Térésa, elle, découvre le monde à travers son appareil 35 mm. Ses photos de l'invasion russe sont détournées de leur utilisation et c'est en photographiant sa rivale qu'elle accepte de se montrer. Sabina, au contraire, adore être regardée. Quand elle fait l'amour, même les dormeurs mettent des lunettes. Elle dédouble ses jeux érotiques par des jeux de miroirs, qu'elle découpe et intègre dans ses tableaux. Qu'il s'agisse d'une vision tamisée, encadrée ou reflétée, l'histoire est perçue différemment.

Pour rendre compte de la complexité d'une expérience, on peut donc utiliser plusieurs voix narratives. Dans *Sans toit ni loi* (Agnès Varda, 1985), l'enquête menée sur la mort d'une itinérante nous propose les points de vue divergents de ceux qui l'ont côtoyée, et les témoignages nous en apprennent plus sur ceux qui les formulent que sur la vagabonde. *Requiem pour un beau sans-cœur* (Robert Morin, 1992) explore les derniers jours d'un criminel notoire en articulant huit points de vue différents, chaque séquence étant perçue en caméra subjective par un des protagonistes.

Pour revenir à *One Flew Over the Cuckoo's Nest* (Milos Forman, 1975), la mise en scène adopte le point de vue du personnage principal. Elle lui donne raison parce qu'il lutte pour la liberté, parce qu'il est le seul à se révolter contre l'autorité (nécessairement pernicieuse). Le héros nous réjouit aussi parce qu'il brise le rituel : deux distributions de pilules, deux parties de cartes, deux visites chez le directeur, deux parties de ballon-panier... McMurphy est le centre du film et il devient tellement sympathique qu'on en arrive à oublier que c'est un violeur.

Sous prétexte que la répression est subtile, les conditions d'internement sont presque idylliques. Les psychiatres sont pour ainsi dire absents, le directeur est très gentil et les fous sont plutôt rassurants. Le film choisit de construire un solide conflit psychologique entre les personnages au détriment de la dénonciation du système puisque, de toute façon, McMurphy ne propose rien d'autre que l'anarchie. Le rejet de l'autorité ne débouche que sur la revendication du droit à l'alcool et au sexe. D'ailleurs le contestataire finit par s'endormir au lieu de s'évader.

Encore une fois, la mise en scène la plus efficace se retrouve au service d'une idéologie douteuse. Le spectateur se défoule, surtout sur le dos de la Femme, mais ne prend conscience de rien. Il est surtout fasciné par la beauté de la scène finale, celle de l'évasion de l'Indien (qui était d'ailleurs le personnage principal dans le roman). Si le film semble faire l'éloge de la désobéissance, tout finit quand même par rentrer dans l'ordre, selon le principe que «la dictature, c'est ferme ta gueule ; la démocratie, c'est cause toujours ».

Les variantes de perspective et les intentions

Pour dégager facilement la perspective d'un film, il suffit de le comparer au roman dont il est l'adaptation ou au film dont il est le remake. Sinon à un film semblable. Même des films comme *Mourir à tue-tête* (Anne Claire Poirier, 1979) et *C'est arrivé près de chez vous* (Belvaux, Bonzel, Poelvoorde, 1992) profitent de la comparaison. Dans le premier, nous sommes les victimes, violées en caméra subjective, tandis que dans le second, nous sommes en quelque sorte les assassins et les violeurs, par l'entremise de l'équipe de tournage.

Par exemple, le film *Metropolis*, réalisé par Fritz Lang en 1926, n'a pas seulement été colorisé et «rock-and-rollisé» par Giorgio Moroder en 1984. Celui-ci a profité de l'occasion pour escamoter ou modifier des intertitres. Le grand patron ne cherche plus à remplacer ses ouvriers par des robots mais devient victime du dérèglement des automates. Il ne pousse plus les ouvriers à la révolte pour se justifier ensuite de les éliminer, mais ce sont eux qui deviennent responsables de l'inondation de leur ville. La version américaine en arrive ainsi à faire l'éloge du patronat et de son autoritarisme, préférable à l'anarchie des ouvriers.

Les multiples versions de *Frankenstein*, de *Carmen* ou de *Jeanne d'Arc* permettent de vérifier l'évolution du langage cinématographique et nous informent beaucoup plus sur la période où ils sont tournés que sur la période dont ils parlent. La comparaison permet de dégager leur façon d'organiser les événements, de présenter les personnages et d'élaborer la narration selon une perspective particulière, bref, de cerner le point de vue qu'ils adoptent et d'évaluer la mise en scène. Particulièrement dans les adaptations américaines de films étrangers.

Dans le film *L'Homme qui voulait savoir* (George Sluizer, 1988), un couple de Néerlandais part en voyage dans le midi de la France. Dans une station-service, la femme disparaît mystérieusement... Pour vérifier s'il est aussi facile de faire le mal que le bien, le professeur Lemorne élabore toute une machination pour enlever une fille, jusqu'à ce qu'il se retrouve à la station-service... Trois ans plus tard, Rex cherche toujours Saskia. Le professeur Lemorne promet de lui révéler ce qui est arrivé à la disparue s'il accepte de prendre un somnifère. Et Rex se retrouve, lui aussi, enterré vivant dans un cercueil.

Dans le remake, *The Vanishing* (1993), le même réalisateur réorganise son film pour l'ajuster au marché américain. Bien sûr Diane disparaît, Jeff la recherche et Barney lui réserve le même sort que celui de sa fiancée. Mais voilà que pendant ses recherches, Jeff tombe amoureux de Rita. Et leur amour prend tellement d'importance que Rita en arrive à se battre contre le criminel et à sauver Jeff, pourtant enterré depuis un certain temps. La fin rassure donc le spectateur par l'élimination du psychopathe, et le nouveau couple célèbre sa victoire dans un restaurant.

Le voyage du couple est interrompu par une panne d'essence dans un tunnel. Dans l'original, Saskia raconte un cauchemar qu'elle a fait et où elle se retrouve prisonnière dans un œuf en or, condamnée à flotter éternellement. Quand Rex revient avec l'essence, elle lui fait promettre de ne jamais la laisser seule. Et cette métaphore de l'œuf doré, prémonition de sa propre mort, revient à quelques reprises dans le film. Mais pas du tout dans le remake, qui est devenu un simple film d'épouvante.

En effet, le remake inverse les deux premières séquences pour commencer par les préparatifs du criminel, et quand le couple apparaît, le spectateur sait à l'avance ce qui va lui arriver. Le film laisse tomber le mystère (celui d'une disparition) pour privilégier le suspense (celui d'un enlèvement). Dans l'original, nous ne savions qu'à la fin ce qui était arrivé à la disparue et l'essentiel reposait sur les motivations presque métaphysiques du professeur. Dans la version américaine, nous nous retrouvons avec un film d'horreur, surtout que la séquence finale conjugue la violence la plus explicite avec la résurrection de Jeff, happy end oblige.

Dégager les différences narratives entre deux films semblables permet donc de mieux cerner les intentions (idéologiques) de la mise en scène. Par exemple, les films Z (1969) et *État de siège* (1973), réalisés tous deux par Costa-Gavras avec Yves Montand, portent tous deux sur un complot politique. Ils prétendent tous deux dénoncer la dictature, mais la façon d'organiser les événements et de présenter les personnages, donc la perspective, débouche sur un résultat complètement différent.

Dans Z, le **récit** commence par la préparation et l'exécution d'un attentat, et au milieu du film, quand Z (Montand) meurt, le juge d'instruction (Trintignant) prend la relève. L'enquête ne nous apprend absolument rien, car nous savons déjà que les méchants fascistes ont tué le leader charismatique promis au plus bel avenir. Le suspense consiste à deviner si le shérif sera du bon bord (!). À la fin, il triomphera dans la mesure où il nous donne raison. Vengés, nous applaudirons quand il démolira la façade de respectabilité et l'impunité des méchants.

Dans *État de siège*, le **récit** commence par la découverte d'un cadavre (celui de Montand) et se termine par la cérémonie funèbre. En inscrivant son propos dans un long flash-back, le film brise le suspense au profit d'un dossier sur les causes du meurtre. Le déroulement du film consistera à montrer l'enlèvement de Santore, les recherches par l'armée et l'interrogatoire du prisonnier politique, toujours en comparant la version officielle (gouvernementale) et la version terroriste (celle des Tupamaros). L'enquête porte donc sur les raisons de l'assassinat.

Dans *Z*, les **personnages** se divisent entre le Pouvoir et l'Opposition. Le pouvoir est présenté comme un groupe bien structuré, des hauts fonctionnaires encadrant efficacement des hommes de main prêts à tout. L'opposition, au contraire, est constituée d'intellectuels honnêtes mais empêtrés dans des problèmes juridiques, et divisés. Leur chef, Z, est un héros car il a droit à une femme merveilleuse, à des images mentales, à une musique de folklore, mais il meurt au ralenti, les bras en croix. La lutte est donc réduite à celle d'un justicier impuissant parce que isolé et légaliste contre un système bien organisé et fasciste, celui « des colonels ».

Dans *État de siège*, les **personnages** se divisent aussi entre le pouvoir et l'opposition, mais de façon moins schématique. Le pouvoir, c'est les Américains qui cachent leur soutien aux dictatures sud-américaines derrière la légitimité de l'A.I.D. et qui sacrifieront Santore, par efficacité. Mais c'est aussi les parlementaires divisés sur les abus de l'armée et de la police (tortures et exécutions sommaires).

L'opposition, c'est l'action illégale des terroristes Tupamaros. Mais c'est aussi le journaliste Ducas, certains députés, des universitaires, des syndicalistes et une frange de la population. Le film évite le schématisme bons vs méchants. En effet, Santore, d'abord présenté comme un bon père de famille, se révélera un spécialiste de la répression. Courageux et humain face à la mort, il ne sera ni victime ni héros, mais simplement un instrument de la politique des États-Unis. Et les Tupamaros ne seront ni des terroristes sanguinaires ni des héros triomphants, seulement des citoyens solidaires, articulés et démocrates. Ils échoueront, mais pour s'ouvrir sur d'autres luttes.

La **mise en scène** ramène donc le conflit dans *Z* à un affrontement entre un héros solitaire et des méchants regroupés (mafia ou système). L'essentiel repose sur la psychologie du personnage principal (tantôt la victime, tantôt le justicier) et nous nous indignons après nous être défoulés. Mais le thriller policier a simplement dénoncé le fascisme, tandis qu'*État de siège* explique les mécanismes et les méthodes pour l'entretenir. Le dossier n'est pas vécu seulement à travers la psychologie d'un héros auquel s'identifier mais à travers plusieurs personnages, moins importants par eux-mêmes que par la fonction politique qu'ils remplissent.

En faisant passer le sujet avant la psychologie du héros, le film ne refoule pas la réflexion derrière les seules émotions. Dans *Z*, l'enquête policière nous confirme dans nos préjugés. Dans *État de siège*, l'interrogatoire nous explique comment fonctionne le système. Le premier est un western, comme son remake américain *JFK* (Oliver

Stone, 1991), tandis que le second est un film politique, plus documenté que spectaculaire. Selon la perspective choisie (et selon le scénariste), le même sujet fournit un film qui ne dénonce rien et un autre qui conscientise les spectateurs.

CONCLUSION

Il n'y a pas de cinéma naïf,
il n'y a qu'un cinéma inculte.

JEAN-LOUIS CROS

L E LANGAGE DU CINÉMA classique cultive l'impression de réalité de façon à ce que les situations présentées semblent se dérouler d'elles-mêmes. Cette esthétique délègue à l'histoire le choix de découper ou non tel dialogue, de présenter telle action en continuité ou d'alterner d'une situation à une autre. Dans un raccord sur le regard, c'est le personnage qui va assumer en quelque sorte la responsabilité du changement de plan. Et les plans de coupe, les retours au même point de vue ou les transitions visent précisément à effacer les traces du travail d'énonciation.

Le découpage en plan par plan et le champ-contrechamp, le respect des angles de 30° et des axes de 180° sont des codes arbitraires qui participent à la mise en scène mais que les spectateurs, par accoutumance culturelle, perçoivent comme le degré zéro, comme la façon « naturelle » dont se raconte une histoire au cinéma. « Le film de fiction classique est un discours (puisqu'il est le fait d'une instance narrative) qui se déguise en histoire (puisqu'il fait comme si cette instance narrative n'existait pas[1].) »

Entre l'histoire (le déroulement des événements et la répartition des personnages) et la narration (la mise en place de l'espace, du temps et du point de vue), il y a donc un décalage qui signale la présence de quelqu'un qui intervient sur le cours « naturel » des événements pour créer des attentes, des fausses pistes, des surprises. La narration contrôle les informations qui nous sont fournies au fur et à mesure du déroulement, cache certains faits, anticipe sur d'autres et règle notre savoir en avance ou en retard par rapport à celui des personnages. Et elle structure les éléments de façon à leur donner un sens cohérent par rapport à l'ensemble.

Le cinéma traditionnel organise donc une fiction toujours vraisemblable dans un style qui attire rarement l'attention sur lui-même. Chaque image ou chaque scène est déterminée par sa pertinence dans le déroulement de l'histoire, et surtout préoccupé par la psychologie des personnages, le film met tout en œuvre pour susciter l'identification au personnage principal. Cette participation affective du spectateur le conduit d'ailleurs à partager les valeurs et les comportements proposés.

Trop souvent, un film (hollywoodien) n'exige aucune connaissance de la part du spectateur et aucun effort non plus. Il ne sollicite surtout pas son esprit critique. Il lui signale quand rire ou pleurer, comment réagir et penser.

---

1. AUMONT, BERGALA, MARIE et VERNET, *Esthétique du film,* Paris, Nathan, 1983, p. 85.

Le langage du cinéma classique est devenu tellement naturel que les films semblent innocents et ne relever que du simple divertissement. Pourtant, raconter des histoires, c'est interpréter notre existence, expliquer le monde, suggérer des relations avec les autres.

L'esthétique du cinéma traditionnel tente de se faire discrète surtout pour permettre au spectateur de s'intégrer à l'histoire sans vraiment prendre conscience de la narration. Toute analyse d'un film devrait donc commencer par le repérage des étapes de cette histoire et des fonctions des personnages pour déboucher naturellement sur les mécanismes de la narration ou de la mise en scène. En guise de résumé, risquons quelques questions applicables à n'importe quel film classique... et d'autant plus insatisfaisantes qu'elles se veulent élémentaires.

En ce qui concerne le récit. Qu'est-ce qui déclenche l'intrigue et quelle est l'importance du problème initial? Quelles sont les étapes du déroulement et comment en arrive-t-on à régler le conflit? Quelle est la solution proposée et quelle est la transformation entre le début et la fin? Est-ce que la narration correspond à la chronologie de l'histoire ou si elle propose une construction particulière? Est-ce qu'elle organise la durée de façon significative?

Est-ce que le film s'inscrit dans un genre particulier et ne vise rien d'autre que le suspense, ou s'il détourne la recette et les conventions pour proposer quelque chose de nouveau? L'histoire pourrait-elle se dérouler n'importe où, n'importe quand, ou se déroule-t-elle dans un contexte précis et une époque donnée? Est-ce que le film se préoccupe de la réalité et de ses implications sociologiques, morales ou politiques? Bref, à quoi sert le récit?

En ce qui concerne les personnages. Qui est le personnage principal et quel est son «objet»? De quoi a-t-il envie? Quel est son statut social et son mode de caractérisation? Est-il privilégié par la mise en scène, par des faire-valoir, par une vie intérieure? Ses conflits sont-ils externes ou internes? Est-il stéréotypé au point de ne remplir qu'une simple fonction narrative ou est-il assez complexe pour se permettre une certaine évolution psychologique?

Quelle est sa façon de se définir dans ses relations avec les autres? Est-il violent, intelligent, capable de sentiments... et comment règle-t-il ses problèmes? Est-ce que nous lui donnons raison ou tort? Quel modèle de comportement propose-t-il? Comment se définissent les autres personnages? Ont-ils autant d'importance les uns que les autres ou si, au contraire, tout est vu à travers la seule perception du héros? Bref, à quoi sert le personnage?

En ce qui concerne la mise en scène. La mise en scène est-elle spectaculaire, au service de la seule dramatisation, ou plutôt documentée, proche d'un certain constat de la réalité? Le film se contente-t-il de défouler le spectateur, de cultiver ses préjugés, ou lui permet-il de mettre les choses en perspective, d'exercer une certaine réflexion? Est-ce un film violent, raciste, misogyne... ou un film sur la violence, sur la discrimination, et qui dénonce les stéréotypes?

La mise en scène refoule-t-elle la réflexion derrière les seules émotions ou fait-elle aussi appel à l'intelligence et au jugement du spectateur? Le film propose-t-il sa thématique comme naturelle, ou comme perçue selon un certain point de vue? Quelle est la perspective privilégiée par le film ? Est-ce la meilleure façon de traiter le sujet choisi ? Quelles sont les intentions du cinéaste et nous apprend-il quelque chose ? Bref, à quoi sert la mise en scène ?

Il ne s'agit pas du tout d'élaborer une grille d'analyse, mais simplement de revenir sur les mécanismes de la fiction pour prendre conscience que tout discours sur les films doit s'appuyer sur le langage du cinéma. La règle du jeu veut que l'univers filmique donne l'illusion de se raconter lui-même, de s'offrir directement et sans relais à la perception du spectateur. Il faut donc apprendre à saisir comment le cinéaste s'y prend pour raconter ses histoires.

La force du cinéma traditionnel, c'est de nous faire croire qu'il s'agit d'un cinéma du seul signifié (l'histoire) sans aucun travail sur le signifiant (la narration). Se préoccuper de la mise en scène, c'est savoir comment le cinéma de consommation courante fonctionne et aussi le départager d'un cinéma plus original pour mesurer notre plaisir. À force de voir des navets, on devient légume… L'esprit critique naît par la reconnaissance du langage cinématographique.

Le cinéma classique donne la priorité à ce que l'on raconte. C'est un cinéma de la *dénotation* parce que la mise en scène se met entièrement au service de l'histoire et ne vise que l'impression de réalité. Le cinéma moderne donne la priorité à la façon de raconter. C'est un cinéma de la *connotation* parce que la mise en scène s'affiche comme telle et devient écriture. Selon qu'elle se veut subjective, distanciée ou maniériste, elle intériorise, commente ou efface ses histoires.

Le cinéma moderne de Bergman, Antonioni et Buñuel, le cinéma réaliste de Loach, Tavernier et Arcand, le cinéma postmoderne de Wenders, Egoyan et Kieslowski utilisent le langage du cinéma de façon particulière. Sans parler de Godard. Ils ont renouvelé le plan-séquence, trouvé d'autres fonctions aux personnages, exploré de nouveaux montages... mais c'est là le sujet d'un autre livre, celui des tendances esthétiques du cinéma depuis 1960.

EXERCICES DE RÉCAPITULATION

Le **chapitre 1** permet d'apprendre à repérer les structures d'un récit filmique (le déclenchement de l'intrigue, les étapes du déroulement et la résolution proposée) pour dégager la transformation entre le début et la fin (donc les intentions).

En guise d'exercice, choisir trois films semblables (même schéma narratif) et dégager les cinq étapes des récits pour les comparer.

Ou repérer les trois premières et les trois dernières scènes d'un film et tenir compte du point-milieu pour dégager ce que propose l'histoire.

Le **chapitre 2** permet d'identifier les outils du découpage de l'espace : échelle des plans, angles de prise de vue, mouvements de caméra, etc.

En guise d'exercice, choisir un extrait de film (ou deux pages d'une bande dessinée classique), puis identifier les types de plans, les angles, etc.

Ou comparer le découpage de trois scènes semblables (repas de famille, interrogatoire de police, tentative de séduction) dans des films d'auteurs différents.

Le **chapitre 3** permet d'apprendre à découper une scène pour privilégier le personnage principal par la durée et la proximité.

En guise d'exercice, élaborer le découpage technique (en 5 ou 6 plans) d'une scène d'action avec deux protagonistes, selon les nécessités dramatiques, donc justifier chacun des plans, les angles de prise de vue, les mouvements de caméra, etc.

Pour permettre d'évaluer le respect des lois de la continuité visuelle, il faut fournir ensuite le diagramme de plateau de toute la scène (vue d'en haut) avec les mouvements des personnages et la position de la caméra pour chacun des plans.

Le **chapitre 4** permet d'identifier les outils de l'articulation du temps : ellipses, plans de coupe, entrées et sorties de champ, etc.

En guise d'exercice, raconter une histoire découpée en 10 péripéties (donc 10 phrases) pour ensuite la resserrer en 5 actions (avec ellipses et raccords).

Ou encore, analyser ou découper une poursuite en montage alterné avec des plans de plus en plus courts et de plus en plus rapprochés (rythme).

Le **chapitre 5** permet de définir un personnage par sa fonction narrative, et de comprendre que l'identification du spectateur au héros se fait par la mise en scène.

En guise d'exercice, dégager le schéma des personnages d'un film, définir l'objectif du personnage principal, et expliquer comment les adjuvants et les opposants s'y prennent pour remplir leur fonction.

Ou encore, retracer l'évolution d'une vedette que vous aimez à travers ses rôles dans quelques films : statut social, relation avec les autres, comportements, etc., et dégager les valeurs qu'elle propose comme personnage.

Le **chapitre 6** permet d'apprendre à reconnaître les structures des scènes et surtout de dégager leur fonction dans l'ensemble du film.

En guise d'exercice, élaborer une histoire en cinq scènes (sur des fiches) et trouver deux autres fins, quitte à modifier une des scènes.

Ou repérer, dans un court métrage, les scènes narratives (charnières) des scènes descriptives (de soutien) pour dégager le schéma de base.

Le **chapitre 7** permet de départager les éléments de la bande sonore et de comprendre comment chacun d'eux participe à la mise en scène du film.

En guise d'exercice, trouver une scène d'atmosphère (sans dialogue), puis lui fournir une signification nouvelle avec d'autres bruits hors champ, ensuite avec un commentaire en voix off (à la première personne).

Ou encore, tourner le plan d'un personnage marchant naturellement et lui adjoindre différentes musiques pour vérifier l'effet ajouté à l'image.

Le **chapitre 8** permet de connaître les fonctions du montage et aussi les différents procédés qu'il utilise pour articuler le temps.

En guise d'exercice, choisir un film et le visionner pour élaborer une bande-annonce à la table de montage (avec son et titrages ajoutés).

Ou dégager le schéma d'un film dont la chronologie des événements est inversée et la remettre dans l'ordre pour vérifier ce que l'on perd.

Le **chapitre 9** permet de reconnaître la perspective générale d'un film et de comprendre que la narration est plus importante que l'histoire.

En guise d'exercice, élaborer une scène, par exemple celle du médecin devant annoncer à son patient qu'il a un cancer incurable, et modifier le découpage de façon à déplacer le point de vue d'un personnage à l'autre.

Ou encore, comparer trois films qui racontent une histoire semblable, sinon deux versions d'une même intrigue (l'original et le remake), pour dégager les différences de perspective ou d'intentions.

BIBLIOGRAPHIE

Nous nous contentons de signaler quelques ouvrages particulièrement importants sur le langage du cinéma.

Deux classiques

André BAZIN, *Qu'est ce que le cinéma ?* Paris, Éd. du Cerf (éd. définitive), 1975.

François TRUFFAUT, *Le Cinéma selon Hitchcock,* Paris, Ramsay (éd. définitive), 1983.

Deux « grammaires»

Philippe DURAND, *Moteur! Coupez!* Paris, Édilig, 1988.

Marcel MARTIN, *Le Langage cinématographique,* Paris, Éd. du Cerf, 1955 et 1985.

Deux livres sur le découpage

Philippe DURAND, *L'Acteur et la Caméra,* Paris, Éd. Techniques Européennes, 1974.

Steven KATZ, *Film Directing Shot by Shot,* Hollywood, Michael Wiese Productions, 1991.

Deux ouvrages sur l'esthétique du cinéma

AUMONT, BERGALA, MARIE et VERNET, *Esthétique du film*, Paris, Nathan, 1983.

Jean MITRY, *Esthétique et Psychologie du cinéma,* Paris, Éd. Universitaires, 1963 et 1965.

Deux ouvrages complémentaires

GAUDREAULT et JOST, *Le Récit cinématographique,* Paris, Nathan, 1990.

BORDWELL, STAIGER et THOMPSON, *The Classical Hollywood Cinema*, New York, Columbia University Press, 1985.

INDEX DES FILMS

172   LE LANGAGE DU CINÉMA NARRATIF

Femme défendue (La), 147
Forrest Gump, 91
Four Friends, 23
Four Weddings and a Funeral, 30
Frankenstein, 153
French Lieutenant's Woman
   (The), 137
Full Monty (The), 120
Funny Games, 72

Gandhi, 148
Garde à vue, 138
Gloire de mon père (La), 118
Godfather (The), 109
Godfather, Part ll (The), 137
Gone With the Wind, 10
Graduate (The), 126
Groundhog Day, 140

Haine (La), 46
Hannah and Her Sisters, 119
Harold and Maude, 72
Hasard (Le), 141
High Noon, 77
Histoire officielle (L'), 71
Homme de marbre (L'), 135
Homme qui voulait savoir (L'),
   154
Honeymoon Killers (The), 37
Hudsucker Proxy (The), 126

I Confess, 139
Il était une fois dans l'Ouest, 138
Insoutenable Légèreté de l'être
   (L'), 151
Ironie du sort (L'), 141

J.-A. Martin, photographe, 131
Jacob's Ladder, 140
Jaws, 90, 146

Jeanne d'Arc, 153
Jeremiah Johnson, 37
JFK, 157
Jules et Jim, 128
Jurassic Park, 117

Karate Kid (The), 20
Killer (The), 126
Killing Fields (The), 45
King of Comedy (The), 95

Lady in the Lake, 147
Le Château de ma mère (Le),
   118
Leçon de piano (La), 93
Left-Handed Gun (The), 21
Léolo, 119
Lethal Weapon, 91
Lettre de Sibérie, 124
Lone Star, 70
Lost Highway, 141

M le maudit, 123
Mad Max, 90
Maltese Falcon (The), 105
Man Who Knew Too Much
   (The), 107
Matins infidèles (Les), 93
Maudite Galette (La), 49
Metropolis, 153
Midnight Express, 73
Monsieur Hire, 45
Morgan, 46
Mourir à tue-tête, 124, 153

Nashville, 136
North by Northwest, 131
Notting Hill, 30
Nouveaux Monstres (Les), 110
Nuit américaine (La), 148

TABLE DES MATIÈRES